ASSUMA O COMANDO DA SUA VIDA

GERONIMO THEML

ASSUMA O COMANDO DA SUA VIDA

Chegou a hora de parar de tentar e começar a conseguir

Diretora
Rosely Boschini

Gerente Editorial
Carolina Rocha

Editora Assistente
Audrya de Oliveira

Assistente Editorial
Rafaella Carrilho

Controle de Produção
Fábio Esteves

Preparação
Elisa Martins

Projeto Gráfico e Diagramação
Vanessa Lima

Revisão
Fernanda Guerriero Antunes

Capa
Ana Clara Travassos

Foto de capa
Visual Oliver

Impressão
Rettec

Rua Original, 141/143
Sumarezinho - São Paulo, SP
CEP 05435-050
Telefone: (11) 3670-2500
Site: http://www.editoragente.com.br
E-mail: gente@editoragente.com.br

Dados Internacionais de Catalogação na Publicação (CIP)
Angélica Ilacqua CRB-8/7057

Theml, Geronimo
Assuma o comando da sua vida: chegou a hora de parar de tentar e começar a conseguir / Geronimo Theml. - São Paulo: Editora Gente, 2020.
192 p.

ISBN 978-65-5544-050-8

1. Desenvolvimento pessoal 2. Sucesso I. Título

20-3483 CDD 158.1

Índice para catálogo sistemático:
1. Desenvolvimento pessoal

NOTA DA PUBLISHER

Seria mentira se dissesse que não esperava o sucesso que obtivemos com a primeira publicação de Geronimo conosco. *Produtividade para quem quer tempo* foi um dos livros mais vendidos de 2016. E repito: não foi uma surpresa.

Em seus mais de vinte anos de atuação profissional, esse autor best-seller já impactou milhares de vidas. Não só ajudou pessoas a saírem do estado de angústia e frustração em que estavam, mas também a encontrarem sua vocação, seus talentos escondidos.

E mais importante do que esse despertar para a vida, é protagonizá-la. No entanto, depois do famoso momento "Basta!", é preciso uma estratégia ou um plano bem elaborado, que garantirá que você adquira a disciplina de que precisa, organize as demais áreas da sua vida e parta rumo a uma vida extraordinária. Aqui, em *Assuma o comando da sua vida*, Geronimo quer que você se torne o herói de sua história, sendo capaz de tomar as próprias decisões e pensar com autonomia.

ROSELY BOSCHINI – CEO e publisher da Editora Gente 

DEDICATÓRIA

**A todos que decidiram
assumir o comando de sua vida
e caminhar na direção de ser
tudo aquilo que podem ser.**

AGRADECIMENTOS

Este é o quarto agradecimento que escrevo, foram quatro livros até aqui, dois na época do Direito, o *Produtividade para quem quer tempo* e agora este, que está nas suas mãos. Em todos eles busquei honrar ao máximo toda minha história e principalmente as pessoas que passaram pela minha vida, pois elas formaram o ambiente fértil que me deu a oportunidade de crescer e prosperar, assim como na história da Magrela, uma planta que ficou famosa e você conhecerá nesta jornada que estamos prestes a começar juntos ao longo deste livro.

Honrando tudo que acredito e respeitando integralmente quem pensa diferente, agradeço ao meu Criador, eu sou um projeto Dele, e como todo projeto sei que fui criado para dar certo. Isso é tão forte para mim que meu esforço diário é para evoluir e dar certo para honrar o meu Criador. Talvez você creia numa Inteligência Superior do Universo, assim como eu, e pode ser que você chame essa Inteligência de Deus, mas se eu fosse ateu ou agnóstico, por exemplo, ainda assim a lógica seria a mesma e eu seria grato à força e inteligência da natureza que precisou de infinitas combinações para me fazer existir.

Geronimo e Célia, meus pais, obrigado por serem uma das minhas maiores motivações para acordar de manhã e sair da cama. Meu pai me ensinou a força do trabalho e minha mãe, o poder do amor incondicional. Amo vocês.

Meus filhos, João e Carol, são muito mais do que eu poderia desejar de filhos, obrigado pela compreensão de tantos momentos que tenho que me afastar para cumprir minha missão. Obrigado por me inspirarem com todos os seus desejos, sonhos, vontade de lidar com os desafios. Obrigado por seus erros que mais me irritam, pois são neles que mais me vejo e tenho uma oportunidade de lidar com os desafios. Amo vocês de uma forma que talvez só entendam no dia que tiverem seus próprios filhos.

Paty, acordar por mais de quinze anos ao seu lado é uma dádiva divina. Não consigo descrever em palavras o quanto a amo, o quanto evoluo ao seu lado e o tamanho do meu orgulho de quem você é hoje e do tanto que já evoluímos juntos. O mundo fica cinza quando você não está por perto. Por falar nisso, já disse que te amo hoje?

Impossível não agradecer à maravilhosa equipe da Editora Gente, que foi extremamente paciente e generosa comigo, especialmente à Rosely, por toda sua genialidade e conversas paralelas que tanto me ajudaram até aqui, Carol e Tainã, editoras maravilhosas que me deram um suporte e apoio muito FORA DA MÉDIA. Sou muito grato e honrado de criarmos este livro juntos, que estou convencido que vai fazer diferença na vida de tantas pessoas.

Nessa jornada, tive um apoio enorme e permanente do meu time do IGT International Coaching e da equipe da Egratitude, por intermédio do Rodrigo Vinhas e do Lucas Puerto e todos do time. Seria até errado nomeá-los pessoalmente e correr o risco de ser injusto com alguém, mas, mesmo correndo o risco de errar, queria deixar um registro especial para Joana Menegucci, que está sempre por perto e me ajuda nos momentos mais desafiadores em que alguém grita no rádio "Faltam cinco minutos para começar o WA e o Geronimo entrar" (WA – Wide Awake é uma imersão de três dias ao vivo comigo), mas muitas vezes ainda estamos juntos fechando algum detalhe do próximo bloco. Joana, olhar para você me passa muitas vezes a serenidade e confiança finais para toda a entrega e transformações que geramos naqueles milhares de pessoas a cada evento, e olha que já foram muitos e espero que sejam muitos mais.

Mas não consigo encerrar sem agradecer a duas pessoas mais. A primeira é você, que está com este livro na mão. Literalmente, se não existissem pessoas como você, com o compromisso e o desejo ardente de evoluir, que compra ou lê livros de desenvolvimento pessoal como este, nada disso existiria. Sem você (e todos representados que adquiriram um exemplar deste livro) não existiriam livraria, nem editora e muito menos autores como eu. É por você existir que todo esse ecossistema literário existe. Se tirasse você da equação, tudo ruiria. Então, posso afirmar sem qualquer medo que você é muito importante para mim, obrigado pela sua existência.

A segunda pessoa é o meu aluno. Meu aluno da Comunidade No Comando, do WA, da Formação em Coaching Criacional e todos aqueles que em algum momento deram um próximo passo de evolução por meio dos treinamentos que já disponibilizei.

Eu gostaria muito que você tivesse uma câmera, tipo um *reality show*, para poder me ver nos bastidores. Assim, veria que minha obstinação em evoluir e fazer cada vez melhor é substancialmente para trazer o que há de melhor para sua evolução. Cada carta de gratidão das milhares que já recebi, cada presente, cada abraço com o qual sou presenteado nas ruas, aeroportos e shoppings da vida me enchem de alegria para continuar. Amo você, até porque se não amasse não abriria mão de estar com minha família tantas vezes para estar aqui.

Aproveite a leitura, que ela leve você para o seu próximo nível, que o ajude a assumir o comando da sua vida para que possa ser tudo aquilo que você nasceu para ser. Conte comigo na jornada.

SUMÁRIO

PREFÁCIO

Imagino que talvez alguma área da sua vida esteja um caos e, provavelmente, no meio dessa confusão você esteja pensando em como sobreviver da melhor maneira possível como se não houvesse a opção de ter sucesso, plenitude e paz de espírito ao mesmo tempo.

Para mim, no entanto, sobreviver não pode ser a única alternativa para a sua vida, aliás, a única opção possível tem de ser SUCESSO, PLENITUDE E PAZ DE ESPÍRITO ao mesmo tempo.

Quer saber como?

Então, venha comigo nessa reflexão.

Em 2004, aconteceu um tsunami na Ásia que causou mais de 200 mil mortes. Nesse tempo, eu estava na Índia e resolvi ajudar. Fui para Phuket, na Tailândia, e uma história me chamou a atenção: um casal de brasileiros estava embaixo d'água quando o tsunami aconteceu, mergulhando.

Sabe o que aconteceu para eles?

Nada!!!

Porque quando alguém está mergulhando, o caos da superfície não atinge essa pessoa. Assim acontece com a nossa vida: se você se entregar ao caos, certamente, sua vida vai virar um caos também, mas se mergulhar dentro de si vai encontrar um lugar de plenitude.

Isso mesmo: se você viver na superfície, a sua vida pode virar uma super zona, caos para todo lado, uma bagunça sem controle, mas, pode estar certo, dentro da sua alma há um lugar de realização, paz e serenidade.

Você pode estar querendo me perguntar: "Roberto, mas isso é possível?".

Sim, isso é possível.

Esse é o caminho que Geronimo Theml apresenta neste livro: um convite para mergulhar dentro de si, sair do caos, ter uma vida de plenitude e assumir o comando da sua história.

Enquanto você deixar a loucura do sistema tomar conta da sua vida e continuar lutando para cumprir todas as expectativas que a família, a sociedade e seus exemplos determinaram: tais como buscar carreiras estáveis, relacionamentos seguros e uma conta bancária que lhe de tranquilidade, a sua vida vai ser sempre lotada de frustrações.

Pode acreditar: essa busca pela "vida perfeita", em vez de realização, tem gerado constante insatisfação: muitas pessoas olham a carreira que construíram e percebem que ela não as satisfaz ou nem representa aquilo que elas acreditam ser sua verdadeira missão, os relacionamentos, quando existem, entraram numa rotina automatizada em que falta diálogo... e essas insatisfações paralisam.

Quem vive essa realidade, por mais que queira mudar, tem medo de jogar tudo para o alto, tomar uma decisão arriscada demais.

Essa angústia fez o Geronimo criar a Comunidade No Comando, justamente para que, a partir de casos reais, ele pudesse analisar a razão porque tantas pessoas que se dedicam muito não conseguem mudar o que desejam. A partir desse estudo, identificou que as pessoas que estão infelizes, normalmente, estão presas a um desses três grupos:

- **GRUPO 1:** pessoas que não têm clareza do que querem e acabam aceitando a vida que têm hoje.
- **GRUPO 2:** pessoas que até sabem o que querem, fazem planos, colocam no papel, criam metas, se comprometem a mudar de vida, começam o processo muito motivadas, mas param no meio do caminho;
- **GRUPO 3:** pessoas que até conseguem ter conquistas na vida, mas parece que nunca ficam plenamente satisfeitas. Sempre falta alguma coisa.

Esses ciclos de insatisfação fazem com que elas passem a duvidar do próprio potencial e prejudicam, inclusive, seus relacionamentos: porque aqueles que as acompanham de perto, em algum momento, até param de acreditar nas suas ideias e nos seus projetos.

A rotina se torna angustiante, pesada.

Geronimo é um dos melhores mentores que eu conheci na minha vida. Ele reúne as competências fundamentais para quem quer ajudar o próximo: muito conhecimento, generosidade e experiência de vida. E ele teve uma vida muito desafiadora, pois dormiu num colchonete até os 26 anos. Estudou com muita dificuldade e se transformou em advogado da União.

Até que em um certo momento da sua vida se deu conta que viver todos os dias trabalhando como advogado era viver em um estado de sobrevivência, como eu conto na história do final desse texto.

Em vez de reclamar da vida, ele realizou um processo de autotransformação e se tornou não só um grande coach, mas um dos maiores formadores de coaches do Brasil.

Depois de um tempo realizando esse trabalho com maestria sentiu o chamado para ajudar as pessoas no seu processo de transformação pessoal.

Buda dizia que, quando uma pessoa se ilumina, ela percebe que o seu caminho é ajudar o próximo no seu processo de transformação.

Ao contrário da maioria dos mentores que simplesmente leem dois ou três livros e começam o seu trabalho, ele foi estudar pesquisas sérias das principais instituições do mundo que analisam comportamento humano, como Harvard e Stanford, mas o mais importante é que ele se dedicou a olhar para dentro de si, mergulhando em um profundo processo de transformação pessoal.

Aprendeu muito e começou o seu trabalho, ajudou muita gente e desenvolveu um método poderoso de desenvolvimento humano que ele ensina neste livro.

"Roberto, você está dizendo que o Geronimo ensina, neste livro, o método que ajudou vários milhares de pessoas a mudarem as suas vidas, do mesmo jeito que faz nos seus famosos seminários?"

Sim, aqui você vai aprender um conteúdo profundo, mas prático e eficaz.

Neste livro, você vai aprender como obter clareza dos caminhos que deseja seguir, encontrando o foco das mudanças que deseja realizar a partir de um Plano de Batalha, um caminho baseado em quatro elementos:

1. **Estratégia certa;**
2. **Prática direcionada aos resultados;**
3. **Filosofia adequada de vida;**
4. **Domínio de um ambiente adequado aos seus objetivos.**

Tudo isso para que entenda quais são os melhores passos para realizar a transição que deseja fazer em sua vida: olhar para si, realinhar seus relacionamentos e definir seus próximos passos profissionais.

Você sairá do ciclo de começar projetos e nunca concluí-los.

Aprenderá o caminho mais assertivo para tomar decisões: guiando-se por princípios.

Também se reconectará com seus talentos, desenhará a estratégia para mudar qualquer área da vida que desejar e entenderá a lógica que determina seus resultados.

Nesses mais de quarenta anos de atuação, observei que a maioria das pessoas vivem acostumadas a uma rotina sem consciência de que existem muitos tesouros para explorar e transformar as suas vidas.

Na época em que fui ajudar no tsunami na Tailândia, escutei uma palestra do mestre Osho em que ele contava uma história mais ou menos assim:

Num povoado remoto, havia um lenhador, que todos os dias repetia a mesma rotina: ia para a floresta e cortava a lenha que gerava um sustento mínimo para ele e sua família. Uma parte da lenha ele vendia para comprar comida e a outra levava para casa para preparar essa comida.

Todos os dias ele passava por um mestre que sempre o cumprimentava.

Um dia parou para conversar com o mestre, contou do sacrifício que era buscar a lenha todos os dias e o mestre lhe falou para avançar, que logo na sequência iria encontrar uma mina de prata, e poderia pegar a prata e ter comida por um mês.

O lenhador sorriu em agradecimento mas pensou: eu venho nessa floresta há mais de trinta anos, sei tudo o que existe aqui e sei que não tem nada além da lenha.

Vários anos se passaram e a voz do mestre ecoava em sua mente: "avance, tenha coragem de arriscar e você vai descobrir que a vida tem muitos tesouros para você". Até que um dia o lenhador resolveu procurar pela mina de prata e para sua surpresa, descobriu que ela realmente existia...

A partir desse dia ele sempre pegava um pedaço de prata que lhe proporcionava, além da comida, uma vida muito melhor por vários meses.

Anos depois esse homem parou para conversar com o mestre, que desta vez lhe falou de uma mina de ouro que poderia lhe garantir comida por um ano.

O lenhador sorriu em agradecimento, mas pensou: eu venho nessa floresta há mais de quarenta anos, sei tudo o que existe aqui e sei que não tem nada além de lenha e prata.

Vários anos se passaram até que o lenhador resolveu procurar pela mina de ouro e, para sua surpresa, descobriu que ela realmente existia...

A partir desse dia ele sempre pegava um pedaço de ouro que, além da comida, lhe proporcionava uma vida muito melhor, por muitos meses.

Anos depois esse homem parou para conversar com o mestre que lhe falou de uma mina de diamante, que poderia lhe garantir uma vida de plenitude.

O lenhador sorriu em agradecimento, mas pensou: eu venho nessa floresta há mais de cinquenta anos, sei tudo o que existe aqui e sei que não tem nada além de lenha, prata e ouro.

Mas um dia, o lenhador acordou e se lembrou das palavras que o mestre lhe falava: avance, tenha coragem de arriscar e você vai descobrir que a vida tem muitos tesouros para você.

Vários anos se passaram até que o lenhador resolveu procurar pela mina de diamante e, para sua surpresa. descobriu que ela realmente existia...

Provavelmente essa é a sua vida: muitas riquezas, mas ainda um pensamento limitado de que você pode sempre esperar um pouco para melhorá-la, deve ir devagar pelas rotas que já conhece. Porém, a verdade é que a maior riqueza acontece quando você assume o comando da sua vida e simplesmente sai da rotina de melhorá-la e resolve transformá-la.

Se realizar essa transformação, vai descobrir que a vida é um tesouro em si mesma. E essa é a transformação que o Geronimo vai apresentar a você nas próximas páginas.

Tenho certeza de que ele vai levá-lo à descoberta de que não é preciso ir buscar lenha na floresta todos os dias para ter uma vida razoável.

Se você tiver a coragem de arriscar e sonhar, vai poder viver uma vida de total abundância.

Você merece ser feliz e viver uma vida de plenitude.

Com amor,

ROBERTO SHINYASHIKI

Médico psiquiatra e escritor

INTRODUÇÃO

Você está pronto para um renascimento? Sim, eu sei que pode parecer um pouco exagerado, mas minha proposta, neste livro, é exatamente esta: que você tenha a oportunidade de nascer de novo, sob novos parâmetros, com o objetivo de atingir uma VIDA EXTRAORDINÁRIA. Uma vida feliz, verdadeira e bem-sucedida na qual os projetos iniciados são concluídos, na qual você gera mais resultado trabalhando menos, na qual é possível equilibrar a vida pessoal e profissional sem ter que colocar uma delas em risco. Pode parecer impossível e quase milagroso, mas eu garanto a você que esse caminho existe e é possível por meio do Plano de Batalha, uma estratégia baseada em quatro elementos: estratégia certa, prática direcionada aos resultados, filosofia adequada de vida e dentro de um ambiente certo.

Todos nós, sem exceção, já passamos por momentos difíceis nas nossas relações pessoais, na carreira, no amor, na família, em algum aspecto financeiro ou outras áreas da vida. Muitas vezes acordamos, enfrentamos o dia e, quando chega a noite, vamos dormir sem realizar as tarefas planejadas. Assim, passamos a nos sentir insatisfeitos com os resultados atingidos e com as relações estabelecidas, irritados por não conseguir enxergar saídas para os desafios do dia a dia, fracassados em relação às metas estipuladas, sufocados por adiamentos e por projetos iniciados e não finalizados. Enfim, entramos num círculo vicioso e perigoso, e a vida muitas vezes parece que vai ficando pesada demais ou surge uma dúvida na cabeça: "Não é possível, será que a vida é só isso mesmo?".

A boa notícia é que não precisa mais ser assim, é possível reverter esse quadro e sair dessa espiral de não saber para onde ir ou de tentar e não conseguir. E saber exatamente como assumir o comando da vida, sair da média e construir uma vida verdadeira, abundante, próspera, feliz, com significado, ou seja, uma vida que valha muito a pena ser vivida. Para isso, precisamos passar por dois processos que eu considero fundamentais e transformadores: pensar em novas estratégias de vida que fogem dos padrões de "domesticação" ao qual fomos submetidos desde bebês e sobre o qual falaremos bastante no Capítulo 3. E, saindo da vida domesticada, precisamos ter um Plano de Batalha de como gerar os resultados que desejamos para nós mesmos.

Você pode estar se perguntando: "Geronimo, como assim? Domesticação?". Eu sei que pode causar um estranhamento dizer que fomos domesticados. Mas a verdade é que durante toda a nossa vida fomos educados para tomar decisões dentro de padrões preestabelecidos, baseados em certo e errado, sucesso e fracasso. Por exemplo: esperam que terminemos o Ensino Médio e, em seguida, entremos numa faculdade (de preferência nos cursos de Direito, Engenharia e Medicina, pois querem que sejamos doutores ou que sigamos a carreira que eles entendem como "bem-sucedida"). Somos premiados se seguimos esse caminho – caso contrário, somos criticados. Chegando ao fim da faculdade, existe uma expectativa que encontremos uma pessoa, nos apaixonemos e casemos. Porém, desde que estejamos num relacionamento tradicional, hétero, com uma pessoa da nossa idade e bem-sucedida, que também tenha padrões ditos "normais"... se fugir disso, certamente seremos criticados novamente. Depois, casamos e esperam que tenhamos o primeiro filho. Depois do primeiro, eles cobram o segundo.

Profissionalmente, esperam de nós que tenhamos um emprego seguro e tradicional, para trabalhar de trinta a quarenta anos e, ao final da vida, possamos nos aposentar para "curtir" os últimos anos com uma aposentadoria pública que muitas vezes não paga sequer o plano de saúde. Tive a experiência de ver pessoas que eram "bem-sucedidas" aos 40 anos morrerem num hospital público no final da vida, não porque abriram mão do plano de saúde, mas simplesmente porque não podiam mais pagar por ele.

É muito difícil sair desses padrões de expectativa sobre como devemos conduzir nossa vida. Eles são fortemente defendidos e protegidos nas famílias, nas escolas, nas igrejas, nos grupos de estudo e em todos os lugares que estamos coletivamente. Quem busca quebrar o padrão é rapidamente taxado de louco ou inconsequente. No entanto, continuar a aceitar essas expectativas vem criando um exército de infelizes: pessoas que aceitam o peso de uma vida inteira, como se fossem parte de um rebanho, pois é um sistema que não quer que tenhamos voz, não quer que possamos escolher outros caminhos – e tem horas que é tão difícil seguir contra a correnteza que sucumbimos a ele e apenas seguimos. Contudo, se você está com este livro em mãos, acredito que algo no seu interior pede por uma grande mudança. E é sobre como sair desse sistema e ter a virada que você deseja que conversaremos.

Este é o momento para agir! É o momento em que você tem a oportunidade de dar um basta na vida mediana, medíocre, de plateia que talvez o sistema o convenceu a ter até então. Quando você fura os bloqueios das regras às quais foi submetido, consegue criar um novo estilo de vida, com novos princípios, novas práticas e estratégias. Neste livro, mostrarei a você como é possível se tornar o herói da própria história com estratégia certa, prática direcionada, princípios que vão guiá-lo nessa jornada e dentro de um ambiente propício para seu crescimento. Estes são os pilares do Plano de Batalha. A partir do momento em que temos um Plano de Batalha vitorioso é que conseguimos dar os primeiros passos para dominar o mecanismo de mudança e transformação. É o movimento necessário para parar de tentar e começar a conseguir. É entender que quem quer tudo, normalmente, fica pelo caminho. Nessa batalha, precisamos ser guerreiros, com princípios que nos guiam sempre à estratégia adequada para colocarmos em prática. Guerreiro treina, se prepara, faz escolhas, se machuca, se cura, evolui no processo.

Quando não assumimos nosso lugar como guerreiros e guerreiras, além de não sermos protagonistas da nossa própria vida, deixamos como herança a vida de rebanho para aqueles que amamos. Você é a única pessoa capaz de quebrar o ciclo dessa realidade em que vive e criar uma nova versão que o impulsione para a realização dos seus sonhos.

Então, vamos viver uma vida que realmente vale a pena ser vivida? Se você topar ser o guerreiro ou a guerreira da sua própria batalha, abandonar a ideia que o sistema nos impõe de tentar nos fazer ser só mais um no rebanho, eu topo ajudar você ao longo deste livro. Para isso, é só seguir na leitura. A decisão é sua!

CAPÍTULO 1

EM QUAL GRUPO VOCÊ ESTÁ?

Ao longo dos anos, enfrentamos inúmeros desafios em diferentes áreas e momentos da vida. Às vezes, o casamento está incrível, mas temos um emprego péssimo, que não nos realiza. Em outros momentos, estamos bem profissionalmente, mas desgastados no relacionamento ou frustrados no amor. Há períodos em que estamos endividados e temos a sensação de que todo o nosso trabalho serve apenas para pagar boletos. E, claro, às vezes temos mais de um problema para resolver ao mesmo tempo, até porque a vida está muito mais para uma escola, onde aprendemos a cada desafio, do que para um parque de diversões, onde tudo é só entretenimento.

Há mais de vinte anos tenho ajudado pessoas a evoluírem. Primeiro, como professor de Direito e, ao mesmo tempo, sempre interessado em estudar e pesquisar desenvolvimento pessoal baseado em evidência científica, depois, mais recentemente, atuando como coach e treinador de pessoas – profissão que eu amo e na qual sou muito feliz –, que me deu a oportunidade de impactar a vida de milhões de pessoas, seja por meio de atendimentos de clientes individuais em coaching, mentorias, palestras, treinamentos presenciais, cursos e conteúdos distribuídos pelas redes sociais. Nesse período, tive contato bastante próximo com muitas pessoas diferentes e pude identificar alguns problemas e dores constantes e similares na vida de todas elas. Como coach e treinador, escuto diversas frases como as que coloco a seguir:

- **SOBRE TRABALHO:** Odeio meu trabalho. Não me sinto realizado. Trabalho numa área que eu não gosto. Não estou feliz com que eu faço e não sei o que fazer. Não tenho ideia de qual seja minha vocação.
- **SOBRE PROPÓSITO:** Não sei qual é o meu propósito de vida. Acordo, trabalho, vejo uma série na Netflix, vou dormir e a vida vai passando. Não encontro um significado para meu dia a dia. Não sei exatamente quais são os meus talentos e qual meu lugar no mundo.
- **SOBRE DINHEIRO:** Não aguento mais viver endividado, viver de boleto em boleto. Não aguento mais ter a sensação que sempre está "faltando alguma coisa". Gostaria de guardar dinheiro, mas não consigo. Gostaria de ter dinheiro para fazer o que quisesse, mas infelizmente não tenho.
- **SOBRE VIAGENS:** Queria tanto poder viajar e conhecer vários lugares do mundo, mas não tenho dinheiro para isso. Até tenho dinheiro, mas não tenho tempo para viajar.
- **SOBRE RELACIONAMENTOS:** Vejo filmes românticos no cinema e, para mim, aquilo só existe na ficção. Na vida real, eu não encontro essa felicidade. Não sou feliz no meu relacionamento. Parece que só atraio pessoas erradas.

- **SOBRE SAÚDE:** Gostaria de emagrecer e não consigo. Não gosto do meu corpo. Sinto-me completamente cansado e sem disposição, gostaria de ter mais energia e ânimo. Até acordo bem, mas ao longo do dia vou ficando cansado.
- **SOBRE DISCIPLINA:** Queria ser mais disciplinado. Não aguento mais falar que vou fazer e não fazer.

Ou seja, todos os dias recebo mensagens de pessoas cansadas de não estarem onde gostariam de estar, de não terem a vida que gostariam de ter, nos mais diversos âmbitos. Muitas pessoas se sentem como se estivessem em uma roda de hamster, e girando sem saber bem para onde estão indo nem por qual motivo. Presas numa vida que traz muita angústia e frustração. E eu sei exatamente o que é se sentir assim, pois eu mesmo estive nessa roda por muitos e muitos anos da minha vida – na maior parte dela, para ser mais exato.

São inúmeros os problemas que nos mantêm nesse ciclo de dor e frustração. Na minha jornada de ajudar as pessoas a sair de uma vida na média e assumir o comando, identifiquei que existem três grupos principais de quem está nesse processo. Vou citá-los a seguir e detalhá-los melhor mais para a frente:

1. **FALTA DE CLAREZA:** "Para quem não sabe aonde vai, qualquer caminho serve": essa é uma frase que o Gato fala para Alice, em *Alice no País das Maravilhas*, escrito por Lewis Carroll. Esse é o grupo de pessoas que não têm uma vida extraordinária porque simplesmente não sabem o que querem: muitas passam uma vida dentro da média sem realmente saber

A vida está muito mais para uma escola, onde aprendemos a cada desafio, do que para um parque de diversões, onde tudo é só entretenimento.

o que desejam e quando percebem a vida já passou. O mais triste desse grupo é que muitas dessas pessoas tinham um grande potencial, mas o tempo passou e, ao olhar para trás, elas nem sempre gostam do que construíram na jornada, se arrependendo e percebendo que talvez não tenham mais tempo de construir a vida que desejavam;

2. **FALTA DE CONSISTÊNCIA:** Por outro lado, tem o segundo grupo que até sabe o que quer para a própria vida, mas surge outro problema: o de começar e não acabar. Nesse grupo, as pessoas tentam colocar seu sonho em prática e até conseguem começar essa jornada, mas acabam parando pelo caminho. É um problema bastante comum. Eu considero o grupo das pessoas que têm "muita iniciativa com pouca acabativa";[1]
3. **FALTA DE CONTENTAMENTO:** Esse é o grupo das pessoas que até conseguem alcançar o que desejam, tendo resultados fora da média em várias áreas da sua vida, mas acabam sendo bombardeadas pela "vida perfeita" das redes sociais, em que existe um tributo ao "mais", e acabam sentindo que nunca têm o suficiente. As pessoas desse grupo acabam num ciclo quase infinito de buscar, lutar, ter e, em vez de sentir contentamento e felicidade, sempre querem mais, num ciclo sem fim.

Vamos falar um pouco mais sobre esses três grupos, pois entender em qual grupo (ou quais grupos) você está é muito importante para avançarmos juntos rumo à vida extraordinária que

1 Ouvi esse termo pela primeira vez da minha terapeuta na época, a Kathy, e rapidamente me identifiquei com ele. Lembro que na mesma hora disse para ela: "Esse sou eu".

você verdadeiramente merece ter. Mas, antes, queria dividir uma experiência muito marcante que tive e me fez compreender algo essencial. Alguns anos atrás, tive a oportunidade de dirigir uma Ferrari 456 num circuito de automobilismo em Las Vegas, nos Estados Unidos. É muito emocionante dirigir um carro de alta velocidade assim. Uma adrenalina absurda e uma sensação incrível de liberdade, sem falar que sempre fui apaixonado por automobilismo. Mas isso não é o mais marcante.

Enquanto dirigia, percebi algo ali, dentro do carro. Eu estava preocupado e tenso, afinal não é todo dia que se pilota um carro daquele e naquela velocidade, sem falar de outros carros andando na pista em altíssima velocidade também, mas me lembrei do que tinha ouvido certa vez num treinamento do escritor e palestrante norte-americano Tony Robbins. Ele disse o seguinte: o instrutor de direção ensina que, se o carro derrapar na curva e começar a escorregar na direção do muro, da barreira de pneus ou de um poste, nosso foco precisa continuar na pista, que é para onde queremos levar o carro de volta, no entanto, este não é o nosso comportamento natural. O mais natural e provável é que, no momento do susto em que o carro começa a derrapar na curva na direção do obstáculo, nosso instinto nos leve a colocar o foco no que queremos evitar e automaticamente temos a tendência de virar o volante justamente nessa direção. Na prática, o que acontece é que, em vez de voltar para a pista, acabamos levando nosso carro na direção do obstáculo.

Isso é exatamente o que acontece na vida real: a pista é para onde queremos ir e o obstáculo é aquilo que não queremos mais para nós mesmos. Só que, quando algo sai errado, as pessoas têm maior probabilidade de olhar para o obstáculo do que para a pista. Ouço muitas pessoas dizendo: "Não quero mais esse emprego", "Não sou mais feliz no meu casamento", "Não aguento mais não ter dinheiro para comprar o que quero"... isso só para citar alguns exemplos. Reclamar do que não se quer mais é olhar para o obstáculo, reforçando o foco na direção errada.

E isso não vai resolver o seu problema, entende? Na verdade, tem que olhar para a pista, para onde deve estar o seu foco e o seu propósito. Ou seja, mantemos nosso olhar focado somente no problema, no externo, no muro. E não para o destino, para a pista, para o lugar ao qual queremos retornar. Esta é a primeira lição.

Mas, então, voltamos para o problema anterior: voltar para qual pista? Como saber para qual pista voltar quando só miramos o problema? Entende o ciclo que eu estou desenhando aqui? Nós olhamos para o muro, que é o nosso obstáculo. Precisamos mudar o foco para mudar de rota. Mas, ao tentar avistar o destino que queremos, não sabemos para onde olhar. Então, o que fazemos? Voltamos nosso olhar ao ponto inicial: é mais fácil mantê-lo fixado no muro e ficar repetindo que não aguentamos mais determinada circunstância na nossa vida. E assim a vida vai passando e nada muda.

Meu ponto é: se eu estou sempre olhando para o obstáculo (sobrepeso, dívidas, casamento infeliz... seja ele qual for), e a tendência natural é continuar apontando o carro para o obstáculo, e não para a pista (que é a solução e o caminho), ficamos estagnados. Esse grupo faz isso por falta de clareza e de entendimento sobre o que quer de fato. Nesse caso específico, eles sabem o que não querem (bater no muro), mas não conseguem voltar para a pista, pois não sabem em qual pista querem estar.

Se você se identificou em alguma medida com a situação acima, de saber que tem coisas que você não aguenta mais, mas não sabe exatamente para onde ir, significa que está no grupo da **Falta de Clareza**, que até sabe o que não quer, conhece os obstáculos, mas não sabe exatamente onde fica a pista que leva na direção da vida extraordinária.

VOCÊ TEM "ACABATIVA"?

Digamos que você identificou sua pista, estabeleceu seu sonho e começou a trilhar sua jornada. Ou seja, você parou de olhar para o muro e está olhando para a pista. Ótimo! No entanto, quando tudo está aparentemente certo, algumas pessoas esbarram num outro tipo de problema: elas tendem a ser muito boas em começar, em ter iniciativa, mas muito ruins em ter "acabativa". Então, ao longo de sua jornada, elas vão iniciando projetos e, quase sempre, alguns deles até começam muito bem, mas, em algum momento, acabam ficando pelo caminho. Não precisamos ir muito longe para entender exatamente do que estou falando. Quantas vezes você ou uma pessoa próxima se inscreveu em uma academia e parou logo em seguida? Um estudo publicado pelo *Journal of Science and Medicine in Sport* mostra que 63% dos alunos desistem da prática num período de três meses. E menos de 4% continuam fazendo exercícios regularmente até o fim do ano. Há inúmeros exemplos desse tipo: estudar para concursos, começar a empreender, emagrecer, treinar para competir em uma corrida de longa distância, meditar, aprender uma língua, sair das dívidas, aprender a investir. Todos projetos iniciados e abandonados em algum momento. Essa lista é imensa!

Esse problema também é muito comum e há um motivo para ocorrer dessa maneira: começamos o processo e não terminamos nossos projetos porque simplesmente não temos o plano adequado para atingir a linha de chegada. Sucumbimos antes por causa de uma lógica que nos leva para esse lugar de resultados medíocres, distantes daqueles que gostaríamos. Este segundo grupo é o da **Falta de Consistência**.

VOCÊ SE SENTE SATISFEITO QUANDO CRUZA A LINHA DE CHEGADA?

Até agora, contei a você sobre dois grupos de perfis de pessoas: o primeiro é daquelas que até sabem o que não querem, mas não têm clareza para saber com precisão o que querem. O segundo é das que sabem o que querem, dão os primeiros passos na direção dessa conquista, mas não conseguem terminar e atingir o objetivo desejado. E há o terceiro grupo, que é um cenário tão ruim quanto os demais. São as pouquíssimas pessoas que começam, atingem o sonho, mas continuam frustradas porque nunca se sentem satisfeitas. E será que você adivinha de onde vem o peso de nunca estarmos satisfeitos? Do fator de comparação, aumentado significativamente pelas "vidas perfeitas" que desfilam nas redes sociais.

O que eu quero dizer com isso? Na minha jornada de largar o emprego público estável que eu tinha para viver de coaching e

Começamos o **processo** e não terminamos nossos projetos porque simplesmente não temos o **plano** adequado para atingir a linha de chegada.

depois montar uma escola de coaching levado a sério, aluguei algumas salas num prédio que eu achava lindo. Um dia fui para a calçada e mandei uma foto do local escolhido para um amigo. Nela, apareciam dois prédios da mesma construtora. Meu amigo me respondeu dizendo que tinha amado o prédio e, só para validar, me perguntou de volta: o seu é o da direita, certo? Só que não, o meu era o da esquerda, que, segundo ele, era mais ou menos.

Eu não conseguia entender muito bem o que tinha acontecido, pois os prédios são, na verdade, muito parecidos, e a portaria de onde ficava a sede do IGT International Coaching era muito mais suntuosa e bonita, embora ele tenha gostado do prédio que não era o meu. Ao olhar a foto detalhadamente, percebi que, do ângulo que fotografei, apareciam os dois. Porém, do prédio da direita (que não era o meu), aparecia a portaria, e do prédio da esquerda, o meu, aparecia apenas a entrada dos fundos, com os portões da garagem e as grandes lixeiras.

Na prática, o que eu fiz foi pedir para meu amigo comparar o palco, a frente, o melhor do outro prédio, com os bastidores, os fundos, o mais feio do meu prédio. E o que isso tem a ver com o tema? É que nós costumamos fazer exatamente isso com a nossa vida: é muito comum nós compararmos o palco, o melhor ângulo, das outras pessoas com os nossos bastidores.

Quando alguém decide postar algo nas redes sociais, escolhe qual foto, a melhor ou a pior? O momento mais incrível do dia ou o pior? É óbvio que em geral as pessoas postam o melhor da sua vida, momentos que duram segundos, flashes de uma viagem que às vezes foi um desastre, mas naquele momento fotografado todos riram só para a foto ir para alguma rede social e em seguida voltaram às suas vidas médias, sem alegria, com as caras enfiadas em seus celulares, sem sequer dar atenção às pessoas que estavam segundos atrás rindo na imagem que agora já estava postada. Naquele momento, as pessoas se tornaram menos importantes do que as curtidas que viriam em seguida.

Mas, do nosso lado, quando abrimos as nossas redes sociais para navegar por um instante, olhamos o palco da outra pessoa, o melhor momento dela, e a gente se distrai muito facilmente com esses cenários e passamos a comparar o palco da vida da outra pessoa com aquilo que estamos vivendo longe das telas, ou pior, que estamos vivendo naquele exato momento. Ou seja, a pessoa posta uma foto num lugar em que esteve uma vez na vida ou num contexto muito único e maravilhoso para ela e, para nós, que não a conhecemos, fica parecendo que aquele é o padrão da vida dela. Como se a vida dela fosse assim todos os dias do ano! E o que resta a quem está olhando? Olhar ao redor, perceber que está numa situação que não é nem sequer próxima àquela da "amiga" ou do "amigo" da rede social e ter a sensação de que a sua vida é horrível, longe de extraordinária, e que suas conquistas nunca são o suficiente. Este é o último grupo, o da **Falta de Contentamento**.

GIRANDO NUMA RODA DE HAMSTER

Todos esses grupos que eu citei até agora fazem com que a gente se sinta como se estivesse numa roda de hamster. Não sei se você já viu uma ou sabe como funciona, mas é um objeto colocado dentro da gaiola onde ficam os hamsters para que eles possam se exercitar. Eles passam muito tempo ali, correndo, mas sem sair do lugar. Infelizmente, muitos de nós passamos grande parte da vida exatamente assim: "Eu não sei para onde eu vou", "Quando eu sei e vou, começo e paro", "Quando eu consigo terminar, sinto que nunca é suficiente. Aí, eu tento começar de novo, mas não sei por onde". É uma situação difícil e que pode se tornar cíclica. Enquanto isso, a vida vai passando e nada muda.

Este livro é para ajudar você exatamente nesse ponto. Sabe aquele momento em que você acorda e diz: "BASTA! Chega, estou cansado, não aguento mais esse trabalho, esse casamento, essa dívida, esse corpo"? Não importa qual é o problema. O importante é saber criar esse momento de virada e dizer em alto e bom som, quase de uma forma visceral: CHEGA! É isso que vamos fazer nos próximos capítulos, dar um BASTA naquilo que não lhe serve mais e aprender a começar e terminar. Aprender a ter felicidade com o que temos. Chegou a hora de parar de tentar e finalmente começar a conseguir!

CAPÍTULO 2

A MINHA LONGA JORNADA DE FRACASSOS

Não sei o quanto você sabe da minha história, mas quem olha a minha vida agora, especialmente nas redes sociais, conhece o meu palco, mas poucos tiveram acesso aos meus bastidores. E é sobre eles que quero falar com você agora. Antes de ter uma vida que, dentro daquilo que eu quero, é verdadeiramente extraordinária, eu fracassei muito – e diversas vezes. E há situações em que, quando estamos no chão, parece que não há mais como levantar. No entanto, aprendi que existe uma maneira para sair dessa sensação de incapacidade na qual nos encontramos em alguns momentos da vida. E é essa saída que vou compartilhar com você.

Até os meus 26 anos, eu morava com meus pais (sou filho único) em um apartamento de 25 metros quadrados, onde dormíamos todos em um mesmo cômodo, em Botafogo, no Rio de Janeiro. Eu vivi nesse prédio praticamente desde que nasci. Para você ter uma ideia, o edifício havia sido construído para ser um imóvel comercial com salas de consultório. Ele tinha uma salinha pequena, que seria o equivalente à sala de espera e, ao lado, um corredor pequeno com uma pia e um espaço para um fogão de duas bocas, tipo de acampamento, nos fundos havia uma sala de atendimento e um banheiro. Esse é o local onde eu cresci: um apartamento muito pequeno, sem um quarto ou uma cama para mim e sem uma cozinha propriamente dita. Durante todo esse período da minha vida, eu dormia num colchonete no chão. Às 4h30, todos os dias, eu acordava com o movimento do meu pai que se levantava, fazia seu café e saía para iniciar mais um dia como taxista. Nesse momento, ele sempre abria a geladeira. E onde ficava a geladeira? Literalmente próxima da minha cabeça, o que acabava sempre me acordando. Ele saía, eu dormia mais um pouco e, ao levantar de vez, guardava o colchonete entre a geladeira e o armário. Eu lembro que quando era pequeno e me inscrevia em alguma corrida de rua para crianças, eu literalmente treinava no corredor do prédio, que era enorme. Eram quarenta apartamentos desse tipo por andar. Nossa, pensando agora, quarenta apartamentos por andar é muita coisa mesmo!

Durante esse período, eu era um cara muito mediano e indisciplinado. Acredito que, assim como um celular, nós nascemos e crescemos com alguns "aplicativos" já instalados, como se certas características já viessem no nosso "código-fonte". Da mesma forma que quando compramos um celular ele já liga com o que vem instalado de fábrica, mas depois disso podemos ir instalando alguns aplicativos extras. Por exemplo, nascemos com a habilidade de nos comunicar bem ou não, de ser mais talentosos para exatas ou para humanas, e, especialmente, de ser mais ou menos focados e disciplinados com as nossas rotinas. Eu, pessoalmente, não nasci com disciplina e foco no meu código-fonte, e a falta desses recursos, e a escolha por estratégias ruins, me tornava um cara medíocre. Sei que pode parecer feia essa palavra, medíocre, mas na prática ela significa mediano, no limite – uma pessoa mediana é uma pessoa medíocre. Eu era aquele estudante que ficava em prova final em quase todas as matérias na escola e na faculdade e me orgulhava de não repetir de ano. Para você ter uma ideia, em toda a minha vida estudantil e acadêmica, eu me lembro de ter lido apenas um livro completo, *O menino do dedo verde*, de Maurice Druon, e nada mais.

E acho importante falar sobre isso, porque a sociedade é rápida em rotular pessoas indisciplinadas e procrastinadoras como sendo sem força de vontade, fracas e até mesmo vagabundas. Sei o sofrimento que é chegar no fim do dia, colocar a cabeça no travesseiro e perceber que o planejado para ser feito naquele dia não foi realizado: "Nossa, mais um dia que eu disse que ia fazer e não fiz", "Mais um dia que eu enrolei no trabalho", "Mais um dia que eu falei que ia estudar e não estudei", "Mais um dia que eu ia começar a ler um novo livro e não li", "Mais um dia que eu ia fazer atividade física e não fiz". Só quem passa por isso sabe o quão dolorido é lidar com esse tipo de frustração. Então, para começarmos a falar sobre esse assunto, preciso alertar para que você não permita que uma pessoa extremamente disciplinada rotule você como vagabundo, irresponsável, frouxo ou qualquer um desses rótulos, especialmente se você não tiver esses recursos naturalmente instalados na sua essência. Por outro lado, a boa notícia é que esses "apps" de clareza, propósito de vida, força de vontade, foco, disciplina, entre outros, podem ser instalados e eu vou ensinar você a fazer o "download" e a instalação.

A verdade é que a grande maioria de nós – ao menos em algum momento da vida – é medíocre em algumas áreas. Aliás, eu ousaria dizer que se você está lendo este livro é porque quer mudar justamente isso, algo que não é extraordinário e que deveria ser, algo na sua vida que é apenas mediano e que você não aguenta mais. Então, se sua vida é mediana (medíocre) em alguma área, há uma causa para isso, e nós vamos falar mais sobre ela no Capítulo 3. Não me preocupo com quem está nesta situação hoje, o verdadeiro problema está no fato de que muitos vão continuar assim até o final de suas jornadas. Eu, Geronimo, fui um cara medíocre, terminei a faculdade como um aluno medíocre, virei um advogado medíocre no começo da minha carreira. Então, é importante que você entenda que esse cara focado e disciplinado, com resultados extraordinários em todas as áreas da vida, que está conversando com você neste momento, neste livro, é um cara construído. É um cara que instalou aplicativos em si mesmo. Mas nem sempre foi assim.

VOCÊ ESTÁ DIANTE DE UMA GRANDE DECISÃO

Às vezes, até eu preciso parar para entender o que fez tanta diferença entre o Geronimo de hoje, construído, com uma vida extraordinária, daquele de vida medíocre que dormia num colchonete.

É importante que você entenda que dormir num colchonete não faz ninguém medíocre, mediocridade é um estado que reflete nas nossas atitudes e determina nossos resultados. Existem pessoas em colchonetes que são fora da média e estão apenas passando pelo caminho natural do plantio para em algum momento colher as sementes plantadas. Outras são ricas financeiramente, mas são medíocres nas suas atitudes. Se a mediocridade é o plantio, elas colherão em breve o resultado.

Aliás, acredito fortemente que esse é um ponto que todos nós precisamos levar para nossas vidas. Muitas vezes olhamos para alguém que parece não merecer os resultados que tem, seja porque está muito melhor do que "deveria" ou muito pior. Mas o ponto é: será que essa pessoa está na fase de plantio ou de colheita? Às vezes ela é rica, está colhendo o esforço do pai e plantando a pobreza do amanhã, ou pode ser também que ela não teve herança financeira e está na fase do plantio do futuro extraordinário dela. E é óbvio que existem as pessoas que já estão hoje colhendo a vida extraordinária que plantaram nos últimos anos.

Bom, independentemente de qual seja o seu caso, quero dividir com você os dois momentos de ruptura na minha vida, que defino como momento do BASTA! Aquele momento em que a gente diz: "Chega!". O primeiro aconteceu aos 26 anos e o segundo, aos 40. Entre 20 e 26 anos, três episódios me marcaram profundamente e me levaram ao meu primeiro momento do BASTA!:

1. Levei um tiro na barriga durante um assalto dentro de uma agência bancária (agência que ficava no térreo do prédio onde eu morava). A situação foi grave e eu fiquei próximo da morte. Eu estava com 20 anos e no começo da faculdade;

Mediocridade
é um estado
que reflete nas
nossas atitudes e
determina nossos
resultados.

2. Algum tempo depois, meu pai enfartou e eu percebi que ele poderia morrer. Senti a responsabilidade de ser filho único e a necessidade de cuidar da minha família que, naquele momento, dependia do meu pai financeiramente;
3. Por fim, como se as duas situações acima não fossem difíceis o suficiente, fui contratado num escritório de advocacia e meu chefe na época, durante a nossa negociação contratual, me prometeu uma nova conversa sobre um possível aumento salarial em três meses, dependendo do meu desempenho naquele período. A conversa aconteceu no tempo combinado, mas o aumento salarial, não. Por quê? Mais uma vez, eu tinha sido medíocre. Sabe aquele funcionário que quer ficar de costas para uma parede, para que ninguém veja a tela do computador? Eu era assim. Porque eu ficava lendo notícias, vendo fotos e vídeos de esporte e, consequentemente, trabalhava só o suficiente, na média, nada além disso. Não ter recebido aumento foi justo, porém, mais do que isso, pode ter sido a melhor lição que eu poderia ter tido naquele momento.

Ou seja, aos 26 anos, depois de todos esses episódios, alguns absurdamente profundos e desafiadores na minha vida, entendi que tinha plantado por anos exatamente aquilo que estava colhendo. É um raciocínio bastante simples e popular e, ao mesmo tempo, poderoso. Se eu não estou satisfeito com a colheita, preciso plantar algo diferente ou de uma forma diferente hoje para ter frutos melhores lá na frente. Porém, somente EU poderia fazer essa mudança, ninguém mais. Quando percebi tudo isso, disse: "BASTA! Eu não quero mais ser esse cara, essa pessoa medíocre, com resultados correspondentes. Já deu!". Esse foi meu momento de virar a página e mudar completamente a direção da minha vida. E foi o que eu fiz.

Mas, como eu não tinha clareza de para onde eu queria ir, qualquer caminho servia. Então, naquele momento, a única solução que me ocorreu foi estudar para um concurso público e provavelmente foi a primeira vez que assumi o comando da minha vida e saí da mediocridade. Foi tão incrível, pois a mudança de atitude durante o período de estudo já tinha me feito prosperar até como advogado. E me levou além. Tornei-me advogado da União, na Advocacia-Geral da União (AGU). Foi uma mudança abrupta no meu estilo de vida. Da noite para o dia, eu saí de uma situação de classe média baixa para ser classe A.[2] Passei a ganhar bem, comprei um carro, comecei a viajar uma vez por ano, fiz minha primeira viagem internacional, comprei um apartamento, casei – saí do colchonete e comprei minha própria cama. Imagine só o quão simbólico foi tudo isso! Eu tinha assumido o comando da minha vida e deixado de ser a média, ao menos por algum tempo.

Os dois primeiros anos como servidor público foram incríveis! Eu me sentia muito feliz e bem-sucedido. Mas muito rapidamente vi acontecer comigo, na prática, o que aprendi com Tony Robbins, sobre sucesso sem felicidade ser fracasso. Foram só esses dois anos de alegria, os outros doze anos (fiquei catorze no total dentro da AGU)

2 Segundo o IBGE, a família que ganha mais de 11.262 reais por mês é considerada como sendo classe A.

foram horríveis, com alguns momentos piores e outros mais aceitáveis. Eu me sentia infeliz, frustrado e angustiado na maior parte do tempo. Eu me sentia inadequado naquela função. Para muita gente, um trabalho como esse, que oferece "segurança, estabilidade e boa remuneração",[3] é o sonho da vida. Mas, para mim, não era. Eu odiava aquele dia a dia tão parecido, escrevendo petições e lidando com burocracias de várias ordens, preso dentro de uma repartição pública. Eu queria desafio, evolução, mudança, liberdade. São valores que eu não conseguia colocar em prática dentro de um espaço como aquele. Aqui é bem importante destacar que não existe mal nenhum em ser servidor público, ao contrário, existem vários que fazem completa diferença no Brasil e na vida das pessoas dentro dos seus setores, mas aquela rotina não era para mim, esse era o problema, eu tinha a sensação de estar preso numa vida que não era minha.

Eu tentava me desenvolver, fazia inúmeras pesquisas, cursos... mas simplesmente não conseguia sair daquela situação. Apesar de eu saber exatamente o que não queria – e eu não queria permanecer como advogado da União de jeito nenhum –, não fazia a menor ideia do que eu queria. E mesmo que as pessoas me olhassem de fora e achassem que eu estava no ápice de minha vida, eu estava infeliz. Para mim, tinha dado errado. A AGU não fazia sentido para mim. Ao mesmo tempo, eu pensava e ouvia de várias pessoas: "Como abrir mão de um trabalho desse tipo?". Meu último salário

3 Coloquei as expressões segurança, estabilidade e boa remuneração entre aspas, pois aprendi que são conceitos extremamente individuais. Para muitos, ter estabilidade e segurança não é depender de uma política pública para receber aumentos e contar que não existirão mudança de regras na jornada, o que sabemos que é praticamente impossível.

na AGU, por exemplo, foi acima de 20 mil reais, e hoje eu estaria ganhando muito mais do que 30 mil reais por mês, caso tivesse continuado. Como abrir mão de um salário tão alto assim?

Eu pensava: *tenho o salário que sonhava lá atrás, posso ajudar os meus pais, minha avó, posso viajar*. Só que, assim como com quase tudo na vida, o tempo passou, o encanto inicial e o prazer que o dinheiro oferece, também, e o que ficou foi o dia a dia maçante.

Eu ainda não sabia, naquele momento, que o meu talento seria treinar pessoas a serem tudo aquilo que elas podem ser. Essa foi uma clareza que demorei para adquirir, depois de viver por muitos anos histórias que não me davam orgulho de contar. Lembro-me de sair pela porta de casa para o trabalho no serviço público dizendo para a Paty, minha esposa: "Estou indo para o martírio da minha vida". Lembro-me de chorar de desespero num domingo, pois sabia que teria que enfrentar mais uma semana pela frente.

Essa situação se tornou tão insustentável que um dia, saindo da igreja com a minha família e segurando a mão da minha filha, Carol, enquanto caminhávamos pela calçada, eu tive um mal-estar repentino. Uma dor e um aperto no peito, falta de ar, comecei a suar frio, praticamente não acreditava no que estava acontecendo. Lembrava-me da cena do meu pai enfartando e dos sintomas que ele relatara. Eram tão parecidos com aquilo que eu sentia que tive certeza de que ia morrer, mas talvez o mais estranho é que eu não tive medo da morte em si, mas medo de morrer daquele jeito, como advogado da União, sem construir histórias que eu me orgulhasse de contar. Morrer ali, assim, no meio da rua, sem ter tido a coragem de construir uma jornada de orgulho e alegria para mim e para a minha família, sem ter sido tudo aquilo que eu poderia ser, sem poder mostrar aos meus filhos, por meio do exemplo, sejam tudo aquilo que vocês podem ser. Esse foi meu segundo momento do BASTA! Afirmei a mim mesmo: "Eu não morro desse jeito, eu não morro advogado da União".

Por sorte, tive uma segunda chance: o que eu estava tendo não era um enfarto, mas um ataque de ansiedade tão forte que acreditei que ia morrer. Usei esse susto para construir a segunda virada da minha vida.

QUANDO PAREI DE OLHAR PARA O MURO E MIREI A PISTA

Como eu já disse, me debati cerca de doze anos como advogado da União, mais especialmente nos últimos deles, com a frase "Eu não aguento mais isso", mas até então não especificava o que eu gostaria de ter no lugar daquilo. Depois de entender que eu poderia desperdiçar uma existência inteira sendo algo que eu não gostaria de ser, decidi que daria um BASTA naquela situação, e o primeiro movimento que fiz foi parar de dizer o que eu não queria ser e me focar naquilo que eu realmente teria prazer, aquilo que me faria alcançar tudo o que eu poderia ser.

Lembro como se fosse hoje, era dia 30 de dezembro de 2011, e eu e a Paty já tínhamos começado a conversar sobre nossas metas de ano-novo – esse é um momento muito especial e esperado aqui em casa. João e Carol tinham praticamente 2 anos de idade, nossos filhos são gêmeos. Eu estava sentado no chão da cozinha, que é outra prática minha comum no dia a dia de casa, quando eu disse: "Já sei o que vou fazer, serei palestrante motivacional!".

Naquela época, eu não tinha a menor ideia de como se entrava no mercado de palestras, mas fiquei tão empolgado que na mesma noite sentei e preparei um currículo, pois eu achava que era assim que se conseguia dar palestras, mandando currículos para algum lugar que eu nem sabia qual seria. Mas a energia de parar de falar do que não queria mais e começar a falar do que queria já era diferente. Quando sentei na frente do computador e comecei a escrever minhas qualificações de "palestrante", fui colocando "mestre em Direito Empresarial", "palestrante em congressos de Direito", "advogado da União", "professor universitário" e, antes mesmo de chegar ao fim, percebi que ninguém gostaria de assistir a um palestrante motivacional com aquelas qualificações, sem falar do nome, imagina, Geronimo, isso não é nome de palestrante motivacional. Eu definitivamente precisava melhorar meu currículo.

Fui para a internet e comecei a pesquisar algo que eu pudesse agregar ao meu currículo de "palestrante motivacional". Depois de muito pesquisar, acabei achando um curso de formação em coaching, vi que na época era algo que ainda estava surgindo no Brasil, embora já fosse muito sério e respeitado nos Estados Unidos e na Europa, a duração era razoável e pronto! Decidi que eu faria uma formação para poder me apresentar como coach e, aí sim, ser palestrante motivacional.

Chegou o dia da formação e, literalmente, com trinta minutos de aula, eu estava convencido de que era aquilo que queria fazer para o resto da minha vida: ajudar as pessoas a serem melhores e ainda ser bem-remunerado por isso. A aula seguiu, eu cada vez mais apaixonado por todo aquele universo, e no primeiro exercício prático do curso eu já estava convencido de que o passo que havia dado, num primeiro momento, fora em busca de um certificado, mas eu estava ganhando muito mais: a profissão que eu seguiria e da qual eu teria orgulho das histórias que construiria e poderia contar. Voltei da formação em coaching e, na prática, nunca cheguei sequer a atualizar o que chamei de meu currículo como palestrante profissional.

OS DOIS CAMINHOS POSSÍVEIS PARA A MUDANÇA

Não sei se você já passou por uma experiência como essa, de se animar com algo incrível, que tem potencial de mudar sua vida para sempre e ter aquela ansiedade positiva de querer que tudo aconteça rápido. Assim foi o coaching para mim, fiquei muito motivado, queria viver de coaching no dia seguinte. Entretanto, tem algo que é duro e até difícil de aceitar, mas eu preciso deixar você ciente: as grandes mudanças da vida e especialmente os resultados que decorrem delas raramente acontecem de forma instantânea. Terminei minha formação num domingo e, literalmente, na segunda-feira estava de volta ao meu trabalho tradicional como advogado da União, sem nenhum cliente nem previsão de ter um, tendo que ter paciência para fazer todo o trabalho que eu já não aguentava mais. Ao menos, agora, eu já sabia para onde ir.

Se eu não estou satisfeito com a colheita, preciso plantar algo diferente ou de uma forma diferente hoje para ter frutos melhores lá na frente.

Precisava criar uma estratégia de transição para sair do serviço público. Acredito que há duas formas de pensar numa transição. A primeira delas vem dessa pequena história: dois amigos estavam andando na rua e toda vez que passavam na frente de um jardim, um deles dizia: "Nossa, que jardim lindo, um dia ainda vou passear nele". E o outro perguntava: "Mas, por que não vai?". "Porque é fechado, o muro é alto". O outro dizia: "Ah, entendi". Passou o primeiro, o segundo, o terceiro dia... e sempre a mesma coisa. No quarto dia, o amigo arrancou da cabeça do outro o chapéu que ele amava e o jogou por cima do muro para dentro do jardim. O dono do chapéu perguntou: "O que é isso, cara? Por que fez isso?". E recebeu a seguinte resposta: "Você gosta do chapéu, não gosta? Então, agora pula o raio do muro e vai pegar seu chapéu e para com essa história de passar a vida dizendo que queria conhecer o jardim". Esse é o primeiro tipo de mudança, que eu chamo de "jogar o chapéu". Isso tudo significa: tem horas em que é importante jogar o chapéu do outro lado para ir buscá-lo, não tem jeito, não dá para esperar que todas as condições estejam perfeitas.

Há um outro tipo de transição, que eu chamo de "estratégia do guardanapo", que naquele momento funcionou melhor para mim. (De novo: não tem certo nem errado. Tem aquela que faz mais sentido para você e para o seu momento!) O que que é esta estratégia? Certo dia, depois que eu decidi sair da AGU, sentei com a Paty numa hamburgueria (naquela época, ainda não era vegetariano) e conversamos longamente. Fiz isso porque acredito que aquela decisão precisava ser feita em família, afinal, 90% de nossa renda vinha da minha remuneração como servidor público.

Não fiz isso especificamente para ter o apoio dela, embora seja sempre incrível ter apoio dentro de casa, nem sempre isso é possível. Até porque, quem espera apoio talvez nunca o tenha e nunca consiga mudar de vida. Mas, para mim, foi uma conversa em que demonstrei respeito à minha família. Paty tinha receio de que eu pedisse exoneração da AGU. Os valores dela, em contraposição aos meus, eram: permanência, segurança e estabilidade. Ela estava muito assustada com a ideia de perdermos um ótimo salário, aposentadoria, segurança e o que representava a maior parte da nossa renda familiar.

Então, perguntei a ela: "O que você precisa para se sentir segura para que eu possa largar o meu emprego público?". (Percebe a diferença? Eu não estava pedindo apoio ou licença para agir. Estava construindo, com ela e em respeito a ela, a minha mudança.) Era um dia de semana à noite, numa lanchonete dessas de trailer com umas mesas e cadeiras de plástico, e ela começou a listar suas necessidades enquanto eu anotava num guardanapo que tinha por perto. Lembro como se fosse hoje quais foram os principais pedidos dela para se sentir segura: "Preciso que você quite 80% do nosso apartamento (eu tinha financiado o apartamento em mais de trinta anos); que você junte vinte salários de advogado da União para ter uma reserva de vinte meses; que você ganhe, por três meses seguidos, como coach, o que você ganha como advogado da União". Não eram metas fáceis de serem realizadas. Principalmente porque eu nunca tinha guardado absolutamente nenhum centavo em mais ou menos treze anos como advogado da União. Ou seja, eu começaria todo esse esforço, literalmente, do zero, mas agora sabia o que precisava fazer para que eu pudesse fazer a transição sem desestabilizar a minha família, só dependia de mim assumir o comando da minha vida e realizar o que estava escrito ali.

Sabe qual era a minha sensação quando guardei aquele guardanapo no bolso? Sentido, significado, direção. Eu tinha encontrado a minha pista de corrida, sabia para onde focar o meu olhar e os meus passos. Mesmo com metas tão altas, aquele guardanapo mudou completamente minha perspectiva. A partir daquele momento, eu não tinha mais que acordar para largar meu emprego público. Eu acordava para atingir os objetivos do guardanapo. Olha como ficou mais claro!

Nessa transição, trabalhando na AGU e como coach, algumas vezes quase dezesseis horas por dia, guardei oito meses de salário e já estava ganhando mais como coach do que como funcionário público. Foi então que a Paty me disse: “Agora tá tudo certo, meu lindo. Vamos nessa”. Esse foi um momento de muita alegria, em que eu poderia realizar o meu sonho sem desestabilizar minha família ou colocá-la em risco financeiro.

Foi então que em setembro de 2014, aos 40 anos, eu tinha a minha carta de autorização para viver do que eu amava, mas ainda precisava tomar uma última decisão. Eu podia pedir afastamento não remunerado, por exemplo, ou pedir exoneração direto, que seria o equivalente a pedir demissão, ou seja, não teria volta. Acabou que minha decisão foi tomada justamente por uma história que eu tinha ouvido sobre um general japonês que invade uma cidade e percebe que o exército inimigo era três vezes maior que o dele. Ele chama um soldado e fala: “Vá na ponte e coloque fogo nela”.

O soldado, em choque, pergunta: "Como assim, general? É a única ponte, nossa única saída. Se a queimarmos, não temos como voltar". O general exigiu e o soldado executou. Em seguida, o general avisou à tropa: "Vejam, a ponte está queimada. Não tem para onde a gente voltar, ou a gente ganha a batalha ou a gente morre". Resultado: venceram.[4] Optei por queimar minha ponte, pois eu sabia que, se pedisse licença, poderia acabar voltando para o meu "martírio" no primeiro desafio que eu tivesse como coach.

Naquele momento, entendi que o melhor modelo de transição para mim era a estratégia do guardanapo: anotei tudo o que eu precisava fazer para que esse movimento fosse seguro para mim e para a minha família. Mas nem sempre é assim. É preciso analisar cada caso e cada momento. Em outros momentos, por exemplo, eu precisei usar a estratégia de jogar o chapéu. Teve um caso específico que usar essa estratégia foi muito importante. No início da minha vida de coach, eu já tinha clientes pagantes... tinha até fila de espera de pessoas que queriam meu serviço. Mas muitos coaches não conseguiam clientes pagantes e muitos deles começaram a me questionar sobre como fazer para criar essa agenda remunerada. Foi então que idealizei o treinamento chamado Programa Profissão Coach, em que eu ensinava coaches a viverem do coaching. Quando lancei o curso, ele não estava pronto, mas decidi me arriscar e vendê-lo mesmo assim. Usei a estratégia de jogar o chapéu: vendi e agora tinha que entregar. Talvez se eu fosse esperar o dia que o curso ficasse pronto, jamais o teria lançado.

4 Essa história é contada em muitas versões, das quais nunca consegui confirmar a veracidade, mas verdadeira ou apenas metafórica, o que importa é que ela foi muito útil para mim naquele momento.

Esse curso ajudou milhares de coaches a lotarem suas agendas e rendeu, literalmente, vários milhões de faturamento.

Como eu já disse, não tem certo e não tem errado. Cabe a você analisar a situação e identificar a estratégia mais adequada para o cenário que você está vivendo. Agora, vamos fazer um rápido exercício. Se você estiver, neste exato momento, precisando tomar uma decisão, pare por um instante e reflita: qual estratégia parece fazer mais sentido para conseguir a mudança que você precisa?

- **JOGAR O CHAPÉU:** ir com tudo e de maneira imediata, ou seja, criar uma situação que o obrigue a realizar o que você quer;

ou

- **GUARDANAPO:** elencar tudo o que precisa para agir de modo a sentir-se mais seguro.

Observe que este livro pode ser simplesmente uma leitura ou pode ser um verdadeiro Plano de Batalha. Se você decidir realizar os exercícios propostos ao longo do livro, tem potencial de terminar a leitura com diversas mudanças já concretizadas na sua vida.

Caso entenda que neste momento da sua vida a estratégia ideal seja jogar o chapéu, então vá para a próxima fase, que é definir qual passo ou atitude na sua vida significará "jogar o chapéu". Atitudes desse tipo são daquelas que, assim que as tomamos, precisamos cumprir, não tem como voltar atrás.

Por outro lado, se você compreendeu que o guardanapo é sua melhor escolha, então, mais do que nunca, é fundamental que você invista alguns minutos sozinho ou em família para colocar no papel tudo que precisa para que possa fazer a sua mudança de vida.

A FORÇA DE ASSUMIR O COMANDO E UMA BOA NOTÍCIA

Apesar dos tantos desafios e dificuldades, tem algo que eu acho maravilhoso na vida. Vivi muitos anos me sentindo "perdido", tentando encontrar meu propósito, me debatendo naquilo que eu não queria, sem saber para onde ir. Porém, assim que defini para onde ir, estabeleci a estratégia certa e apliquei o Plano de Batalha a meu favor, não precisei de outros vinte anos para concretizar essa meta. Pelo contrário, em dois anos eu tinha realizado mais do que em todo o restante do tempo em que me debati. Em dois anos de guardanapo, eu consegui virar o jogo. Para mim, essa é a grande magia da vida, anos de mediocridade, as vezes décadas, são mudados completamente em pouco tempo, desde que você esteja disposto a assumir o comando da sua vida e ter estratégias fora da média para ter resultados fora da média. Entre 2012 e 2014, eu criei uma estratégia e a segui até o momento em que minha família se sentiu segura para que eu fosse em frente com meus sonhos.

Nos três meses seguintes após meu pedido de exoneração da AGU, nos quais pude ficar totalmente focado no coaching como profissão e missão de vida, eu juntei o equivalente a 22 salários como advogado da União. A vida continuou evoluindo, depois que entendi o caminho para ser tudo aquilo que poderia ser, e assumi o comando da minha vida, consegui realizar muito mais do que nos outros quarenta anos.

Desde que pedi exoneração, viajei mais, ganhei mais dinheiro e doei mais do que nos outros quarenta anos da minha vida, pois quando colocamos nossos talentos à nossa disposição e à disposição de quem precisa deles, encontramos abundância de significado e, também, de remuneração, pois estamos fazendo algo com competência, alegria e sentido.

Não quer dizer que essa vai ser a história de todo mundo. Essa foi a minha história e podia ter dado errado. "Geronimo, mas e se desse errado? E se tivesse dado errado?" Essa é uma pergunta legítima e honesta, que eu escuto com frequência. E é verdade: poderia ter dado errado. Não deu para mim, pois eu estava em direção à pista certa e verdadeira, usando o Plano de Batalha que vou apresentar para você ao longo do livro. Mas várias outras coisas deram errado na minha trajetória. Existia o risco, é verdade, mas eu pensava no seguinte: naquele momento, a minha vida profissional como advogado da União já tinha dado errado, se eu nunca tentasse mudar, chegaria ao final da vida e teria a certeza de que deu errado pela minha falta de ação. Então, no meu caso, o que mais eu tinha a perder?

Por isso, meu desafio para você é o seguinte: se a sua vida está dando certo, parabéns. Mas se há algo que já está dando errado, se nada for feito, você continuará colhendo os mesmos resultados, o tempo vai passar e você pode chegar à mesma conclusão que a minha: já deu errado.

CAPÍTULO 3

POR QUE QUEREMOS TANTO, MAS NÃO CONSEGUIMOS?

Por volta dos anos 1970, o psicólogo norte-americano Martin Seligman fez uma pesquisa com cães, que embora me doa o coração só de imaginar, vou trazer o resultado dela apenas para ilustrar o que precisamos conversar neste momento.[5] Na primeira fase da pesquisa, os cães foram divididos em três grupos. O primeiro grupo simplesmente não recebia nenhum choque; os outros dois grupos recebiam choques nas patas, sendo que um grupo que levava choque tinha acesso a um painel no qual o cão podia acionar um dispositivo e parar os choques. Já o outro grupo, que também recebia choques, não tinha acesso a esse dispositivo e o cão não tinha a opção de parar os choques.

Na segunda fase da pesquisa, Seligman mudou o cenário. Os cães podiam sair do local em que estavam e fugir para um espaço sem choques. O cão que nunca levou choque e o cão que aprendeu a parar de levar choque (ao acionar o dispositivo) saíram rapidamente de onde estavam e foram para o local onde não levavam mais choques. Já o grupo de cães que não teve a opção de parar

5 Não quero entrar no mérito da crueldade da pesquisa. Aliás, discussões sobre pesquisas com animais são muito mais complexas do que um único parágrafo de um livro. Existem muitas partes que precisam ser ouvidas e discutidas. No caso dessa pesquisa: ela foi feita nos anos 1970, quando as regras éticas eram diferentes. Sugiro que tanto você quanto eu foquemos no resultado dela, neste momento.

os choques aceitava-os praticamente de maneira inerte. Uma das conclusões a que o estudo chegou é que esse terceiro grupo teria aprendido que não havia escapatória para aquela dor. Ele se acostumou e entendeu que aquilo era a sua vida. Os resultados desse terceiro grupo – que aceitava os choques com uma passividade enorme – acabaram sendo chamados de desamparo aprendido.

É claro que essa não foi uma pesquisa realizada em humanos, mas o conceito do desamparo aprendido vai nos ajudar a compreender muito do que vamos falar neste capítulo.

Há um livro muito importante na minha vida, que me abriu os olhos para essa forma na qual vivemos e que me norteia em muitas das minhas decisões pessoais e profissionais. Chama-se *Os quatro compromissos: o livro da filosofia tolteca*, do pensador mexicano Don Miguel Ruiz. Os toltecas criaram uma grande e poderosa civilização no México entre os séculos X e XII. Eles desenvolveram muitas tecnologias de sobrevivência, pirâmides e palácios. Segundo Ruiz, a filosofia tolteca nos ensina que muito do que fazemos e somos é causado pelo medo de sermos rejeitados ou não sermos “bons” o suficiente para os padrões da sociedade vigente, caso nós não consigamos nos moldar em todas as caixinhas e padrões existentes. Em muitos casos, nós tentamos muito nos encaixar e travamos uma busca interminável para ser essa pessoa “boa” que nossos pais, nossos professores e nossa religião gostariam que fôssemos. Mesmo quando essa busca nos causa dor e tristeza. O autor nos mostra como crescemos em uma sociedade de crenças autolimitantes que causam sofrimentos desnecessários e nos roubam a alegria da vida plena.

Ele explica, também, que há uma causa muito forte para nos sentirmos tão presos a esse modelo de vida, tão confusos sem saber qual é o caminho que devemos seguir, tão angustiados por não conseguirmos nos mover. O sistema nos domestica. O sistema é uma engrenagem invisível que mantém tudo como está, o status quo da sociedade na qual vivemos. É a "norma", o "padrão", o "certo", o "normal". Tudo o que foge do sistema é "esquisito", "estranho", "errado", "algo que devemos evitar."

A filosofia tolteca traz um conceito interessante sobre domesticação, que é o seguinte: de forma geral, os filhotes de animais de estimação, sejam cachorros, gatos, cavalos ou outros animais que tenhamos, são treinados de uma forma muito simples, mesmo por quem não tem técnicas mais elaboradas de treinamento de animais. Em linhas gerais, o que fazemos é recompensar os filhotes quando fazem algo que queremos ou punir quando descumprem o que gostaríamos que eles fizessem. Se fez xixi no lugar certo, ganha prêmio, carinho e uma palavra doce – muitas vezes fazemos até voz de neném para fazer um elogio ao bichinho obediente. Por outro lado, se o xixi é feito no lugar errado, o oposto acontece, broncas, barulho, reclamações e, no caso de algumas pessoas, até punição física. Assim, o filhote vai sendo domesticado a fazer aquilo que achamos ser o certo e a evitar fazer aquilo que ensinamos a ele que é errado. Animais domesticados se comportam como os donos gostariam.

Por outro lado, quando olhamos para nossa infância (ou para a forma como quase todas as crianças são educadas nos dias de hoje), acontece basicamente a mesma coisa: quando nós fazíamos algo certo, escutávamos das pessoas que amamos e que confiamos "parabéns" e frases de aprovação. Quando fazíamos algo que essas mesmas pessoas acreditavam ser errado ou equivocado, elas nos chamavam atenção, com voz de insatisfação, eventualmente um castigo ou perda temporária do direito de fazer alguma coisa que gostávamos. Dependendo do grau de "erro", nos criticavam, brigavam conosco e nos puniam de forma mais intensa. Resumindo, várias relações que tínhamos na nossa infância foram baseadas em recompensas por fazer algo certo e punições quando fazíamos algo errado. Era assim em casa com nossos pais, na escola com professores, na igreja ou no clube que frequentávamos. Ou seja, aprendemos dessa forma, em alguma medida, em todas as estruturas sociais às quais pertencemos.

Talvez tenha acontecido com você ou se lembre de alguma criança que tenha tentado sair de casa com a cueca por cima da calça ou com uma combinação nada tradicional de roupas e tenha ouvido algo como "assim não pode" ou "o que vão dizer de você na igreja" ou, ainda pior, "as pessoas vão rir de você assim". Então, a criança aprende desde muito novinha que a opinião dos outros é extremamente importante e cresce não só com o medo de desagradar às pessoas, como, também, dando valor demais ao que os outros pensam. Claro, afinal, foi assim que lhe ensinaram.

Outra situação muito comum é quando a criança tenta fazer algo novo dentro de casa, como colocar água no copo ou transportar algum objeto de um lado para o outro e acaba deixando cair no chão e quebrando. Quando algo sai errado nos planos daquela criança, imediatamente ela olha para as pessoas que são a referência para ela, os pais ou quem faz o papel de pais, e o que normalmente ela recebe é olhar de reprovação, frases do tipo "tá vendo o que você fez", "você é pequena demais para isso" ou, a pior de todas, "nossa, você é muito estabanada", isso quando não é algo mais grave. E a criança aprende desde cedo, também, que tentar algo novo é errado, pois vai que ela erra e recebe críticas das pessoas que mais confia e mais ama.

Se você olhar de perto, por mais duro que possa parecer, fomos treinados, domesticados, da mesma forma que fazemos com qualquer outro animal, sendo recompensados quando nos comportamos segundo os moldes do que é considerado correto e normal, e punidos quando saímos desses mesmos moldes. O problema disso é que essa domesticação é feita com base nos modelos de certo e errado, fracasso e sucesso, daqueles que cuidam ou cuidaram de nós. E o modelo deles foi repassado pelo sistema anterior e assim por diante. No limite, se voltarmos lá no começo da nossa conversa, o que aconteceu é que muitos de nós vivenciamos o desamparo aprendido em diversos campos da nossa vida. Ou seja, fomos tão domesticados ao conceito de sucesso e fracasso, certo e errado, que hoje é realmente difícil despertar e sair desse modelo.

Voltando à filosofia tolteca, ela acredita que nós nascemos duas vezes. Uma quando literalmente saímos do ventre da nossa mãe biológica e a segunda quando nos libertamos das amarras da domesticação. Quando deixamos de ser mais um no rebanho para ser herói da nossa própria história.

Mas, lembre-se: nossos pais, avós, professores, padres não fazem isso por mal. Eles também aprenderam dessa forma e, por não conseguir quebrar com esse ciclo, por não nascerem novamente,

Fomos tão domesticados ao conceito de sucesso e fracasso, certo e errado, que hoje é realmente difícil despertar e sair desse modelo.

acabaram fazendo a manutenção dele – algo que fazem, na maioria das vezes, por amor, pois eles não querem nos ver sofrer e ser infelizes (na concepção deles do que é sofrimento e felicidade, claro). Por isso, é importante identificarmos como o sistema funciona para conseguir quebrar essa corrente, nos libertar, nascer novamente e buscar uma vida verdadeiramente plena e feliz.

COMO O SISTEMA FUNCIONA NA PRÁTICA?

Durante nossa vida escolar, precisamos passar de ano, certo? Como? Tirando a nota 7 (dependendo da escola, a média pode ser entre 5 e 7, ou variações disso) em todas as matérias. Na prática normal, um aluno que tira 10 em Matemática e 3 em Biologia será repreendido e terá que estudar muito para não ficar de recuperação na matéria em que tirou nota baixa. O que esse exemplo mostra? Que não somos reconhecidos pelo 10 de Matemática, mas punidos por termos tirado uma nota abaixo da média em outra disciplina. Então, precisamos dedicar nosso tempo e energia para melhorar no que somos ruins e não para aprimorar nosso talento, a competência no que somos naturalmente bons e fortes. Na prática, é possível que a nota de Biologia do aluno suba de 3 para 7 e a de Matemática caia um pouco, de 10 para 9 ou 8. Fica fácil de ver que esse modelo trabalha fortemente para fazer com que todos entrem na média, ou seja, virem medianos. É óbvio que aqui estou fazendo uma generalização do modelo, mas se olhar ao seu redor vai perceber que não são poucos os casos que passam por essa exata situação.

Quando o meu filho, João, estudava na escola antiga, a professora me chamou um dia para fazer a avaliação de evolução dele, e, embora ele fosse bem novinho, ela me disse que ele já sabia contar até 50. Eu, todo orgulhoso, disse para ela: "Na verdade, o João já sabe contar até 1 milhão, literalmente. Ele faz até contas de somar de cabeça com a gente lá em casa". A professora, então, confirmou que sabia disso e ressaltou que tinha o proibido de contar até 1 milhão para não confundir os outros alunos da sala. Meu filho tinha acabado de ser treinado para ser a média e desestimulado a evoluir nas áreas de habilidade dele.

Eu poderia enumerar aqui dezenas de exemplos de como eu e você fomos criados para fazer parte de uma massa mediana, mas acredito que você já entendeu o que quero dizer. E esse padrão que começa na escola se repete no trabalho também. Com certeza você já viu um profissional que era extraordinário em determinada tarefa, então ele muda de função, é pressionado para se dar bem nessa nova esfera e, o que antes era um diferencial, se apaga e a carreira dele fica estagnada. Parece que nosso grande destino se resume a: nascer, aprender a andar e falar, entrar na escola, estudar, fazer vestibular, se formar, casar, ter filho, se aposentar e morrer. Essa é a vida perfeita que o sistema quer para todos nós. E se sair desse padrão, seremos punidos com comentários que normalmente envolvem palavras como "louco", "irresponsável", "rebelde" e outras do tipo.

Outro caso de domesticação é em relação a dinheiro. Deixa eu explicar melhor, vou começar uma frase aqui e gostaria que você completasse mentalmente: "dinheiro não traz...", "dinheiro não dá em...". O fato é que crescemos ouvindo da família e da igreja que dinheiro é sujo (literal e simbolicamente) e que não traz felicidade. Mas dinheiro é apenas um potencializador de oportunidades e de quem nós somos. Se uma pessoa é mesquinha, quanto mais dinheiro ela tiver, mais mesquinha será, mas, por outro lado, pessoas bondosas, com mais dinheiro ficam ainda mais bondosas. Mas não é isso que o sistema nos ensina.

Observe quantos ensinamentos de escassez são colocados dentro da nossa cabeça desde quando éramos crianças, momento em que acreditamos em praticamente tudo que ouvimos. E esses ensinamentos até são válidos, mas são transmitidos para causarem tanto temor que, em vez de tirarmos uma lição valiosa deles, acabamos ficando temerosos e nos tornamos vítimas desses fantasmas que muitas vezes nos perseguem e atormentam nossa relação com dinheiro por toda a vida.

Aprendemos, também, que o mundo é dicotômico. Ou seja, os bons têm sucesso e os maus têm fracasso. Sucesso é lindo e fracasso é feio. Somos domesticados a acreditar que ou a pessoa está do nosso lado ou contra nós, e essa dicotomia vai indo para todos os campos da nossa vida. Na política, ou a pessoa pensa como eu ou é meu inimigo, no futebol ou o outro torce para meu time ou é meu adversário, e por aí vai. É muito importante que você entenda que entre o tudo e o nada há vários níveis, vários caminhos, várias possibilidades.

Essa lógica do rebanho traz, consigo, inúmeras consequências práticas para nossa vida individual, fazendo com que muitos de nós percamos a confiança em nós mesmos, desistamos dos nossos sonhos, fiquemos perdidos e sem clareza, desperdiçando uma existência com uma vida medíocre.

SUCESSO OU FRACASSO: ELES DEFINEM VOCÊ?

Tenho muitas histórias que eu poderia compartilhar com você de sucesso e fracasso na minha vida. Um dos episódios de sucesso pelo qual tenho muito orgulho aconteceu logo depois que eu acabei a faculdade. Era um processo seletivo para uma única vaga de professor de Direito na faculdade onde eu havia estudado. A primeira fase do processo era uma prova escrita, na qual eu tirei 7 e o primeiro colocado tirou 9. E havia uma segunda fase, que era uma prova onde eu daria uma aula presencial para três professores da instituição. Como eu não tinha ido tão bem na prova escrita, entendi que precisava surpreender a banca. Se eu fosse mediano na segunda fase, eu não conseguiria a vaga. Então tive a ideia de começar a aula com uma piada, para quebrar o padrão. Claro que ninguém, a quem eu tinha compartilhado da tática, concordou comigo. Pelo contrário, as pessoas mais próximas ficaram bastante aflitas e tentaram me dissuadir da ideia. Mas eu banquei e fiz do mesmo jeito.

Quando terminei a piada, que consumiu meus primeiros minutos da aula, os três professores que avaliavam as aulas ficaram absolutamente inertes. E assim permaneceram até o final da aula como um todo. Eu não conseguia identificar nenhum traço ou pista do que tinham achado. Somente no corredor da faculdade, vários minutos depois, um dos avaliadores (que, na época, era também reitor do curso de Direito) me encontrou e disse: “Você vai ser um dos melhores professores que essa faculdade já teve”. Eu fiquei muito feliz e, de fato, fui aprovado e selecionado para a vaga. Alguns anos depois, a intuição do reitor também acabou se concretizando e eu recebi a notícia de que havia sido o professor mais bem avaliado de todos os cursos da faculdade, não só da área de Direito, naquele ano.

Assim como há episódios de sucesso, há os de fracasso. Vou contar a você sobre o maior episódio de fracasso na minha vida. Teve uma época, quando eu já era servidor público, que achei que fazer um curso de gerenciamento esportivo seria incrível. Para isso, eu pesquisei e encontrei o que para mim era o melhor curso do mundo na área, na Universidade de Massachusetts, nos Estados Unidos. No entanto, havia um problema: eu não falava inglês. Mas não desisti. Mergulhei em aulas particulares e estudos por seis meses, me inscrevi no processo seletivo e fui um dos finalistas selecionados no mundo para a entrevista presencial. Peguei o avião na minha primeira viagem internacional e me apresentei no dia e hora agendados para conversar com os professores da instituição.

Passados uns quinze minutos da entrevista, eu tive que interromper a conversa e dizer para eles que eu não estava entendendo nada do que eles diziam. “Me desculpem”, disse para os três professores. Eu estava muito nervoso, pois não conseguia mais acompanhar a conversa e as perguntas deles. E eles responderam, apenas: “Ok, muito obrigado. Pode se retirar”. O curso era para pessoas fluentes e eu, até seis meses antes, não sabia contar até 11 em inglês, literalmente. Ou seja, eu tinha aprendido e estudado muito, mas não o suficiente para o nível de fluência necessária para o curso. Se eu pudesse abrir um buraco e me jogar dentro, eu teria feito, tamanha a vergonha que senti e a enorme sensação de fracasso que experienciei naquele momento, talvez uma das maiores até hoje.

E essa não foi a única vez que eu senti o que as pessoas chamam de fracasso. Tive uma torteria que não deu certo porque eu cobrava menos do que meu custo de produção e só descobri isso depois; tive uma videolocadora quando todo mundo "baixava" filme pirata; montei um podcast chamado "Falando de Direito", que não foi a lugar nenhum; joguei poker profissionalmente, que me adoeceu; fiz curso de treinador e, depois, árbitro de futebol. Todos esses projetos fracassaram.

O que eu quero explicar a você quando conto essas histórias? Eu não sou o meu sucesso, mas também não sou o meu fracasso. Essas histórias são resultados de estratégias escolhidas por mim em determinados momentos da minha vida. Eu sou quem eu sou. Continuo sendo o mesmo Geronimo que teve o maior sucesso e o mesmo Geronimo que teve o maior fracasso. Isso tudo são só resultados. Agora, o que eu posso fazer é buscar outros resultados diante disso. Como? Se os meus resultados são consequência das estratégias que usei, a melhor forma de mudá-los é mudando a estratégia. Ou seja, é possível mudar o nosso futuro mudando a estratégia, que nos trará um resultado esperado lá na frente.

O mesmo acontece em casa. Eu e a Paty tomamos uma decisão consciente de não criar nossos filhos para serem rebanho. O sonho tem espaço na nossa casa. Minha filha ama cozinhar e quer ser confeiteira. Meu filho quer ser jogador profissional de videogame. O que o sistema diria de tudo isso? "Vão morrer de fome, os dois!" Nós, eu e a Paty, fazemos o contrário. Incentivamos os dois a desenvolver suas habilidades. Eu aproveito o que eles têm prazer em fazer e lhes ensino as competências das quais precisarão no futuro (independentemente da carreira que escolherem): resiliência, foco na solução, persistência, evolução contínua. Isso é o que eles realmente precisarão para ter os resultados que quiserem.

Esse sistema foi construído para nos definir a partir dos nossos resultados. E muitas pessoas acreditam que seu valor se dá em razão dos resultados que têm na vida. O sistema faz a gente acreditar que pessoas com salário maior são mais bem-sucedidas do que pessoas com salários menores. Pessoas mais magras são mais interessantes do que aquelas que não estão "em forma", empresários são mais especiais que funcionários.

E entramos naquela roda de hamster: não sabemos para onde ir e como mudar nossa vida; quando sabemos, começamos, mas não terminamos; quando terminamos, ficamos infelizes porque as redes sociais nos bombardeiam de uma vida perfeita que não existe. Depois disso, vem um sintoma ainda pior: quando nem nós mesmos acreditamos mais que somos capazes de conquistar aquilo que queremos para nossa vida. É quase como se estivéssemos condenados a viver a vida que temos hoje com todos os problemas que existem nela. Condenados a viver com os choques, tendo aprendido o desamparo, como no experimento com os cães.

Mas NÃO! Lembra do basta? Pois é, nós podemos dar o basta e mudar de rota. Tudo o que acontece na nossa vida são apenas resultados, que são consequência direta das estratégias que usamos no nosso dia a dia, sejam elas por meio de comandos conscientes ou não conscientes. Como agimos sem necessariamente entender o que efetivamente precisamos para nossa verdadeira felicidade, assumimos estratégias que se tornam mal-sucedidas (não condizem com os resultados que esperávamos) e, por isso, começamos a pensar em desistir dos planos que determinamos, seja um emprego, um relacionamento, uma compra importante, uma virada financeira na vida ou qualquer outro sonho. Infelizmente, depois de muitas estratégias que levaram a resultados que não eram o que elas queriam, algumas pessoas começam a pensar que estarão sempre na falta, no fracasso, na frustração. É claro que nossa vida não é inteira assim, mas esse sintoma pode acontecer em uma ou mais áreas, e normalmente acontece naquelas áreas que fomos domesticados da pior maneira possível.

Se esse for o seu caso, deixa eu falar uma coisa para você: apenas continue a leitura, que vamos aprender algo novo e diferente que levará você para os resultados que sempre quis e ainda não tem, ou que já teve e não tem mais neste momento de sua vida.

Pensamentos como "eu não posso", "isso não é para mim" e outros desse tipo quase sempre não passam de uma autossabotagem para manter você exatamente onde está agora. E, pelo que entendi, permanecer exatamente onde está em todas as áreas da sua vida é justamente o que você não quer, certo? Vou ser bem franco agora: eu não sei como foi a sua criação, não sei qual é a sua religião, não sei como é a sua vida. Eu apenas sei que você, assim como eu, está em busca de uma vida melhor. E garanto que, após muitos anos conhecendo pessoas nesse mesmo barco, há solução.

Um dos aprendizados mais importantes para este momento é entender que VOCÊ É VOCÊ, E NÃO O SEU RESULTADO. As pessoas fracassam e se assumem fracassadas. Elas atingem o sucesso e se consideram bem-sucedidas. No entanto, os resultados são sobre seus projetos e as estratégias que você adotou. Não são você. Você é você independentemente dos seus resultados. Como eu disse, tudo o que acontece conosco, sejam vitórias ou derrotas, são resultados das estratégias que estabelecemos em nossa vida. Portanto, se mudamos a estratégia, mudamos o resultado, certo?

PARABÉNS, VOCÊ MERECEU!

A boa notícia é que podemos mudar e é isso que nós, eu e você, estamos fazendo juntos neste livro. Quer mudar seus resultados? Então você vai precisar mudar as estratégias que vêm usando. Um pouco mais para a frente, vou ensinar a melhor que eu conheço para ter os resultados que você deseja.

Assim como nós aprendemos as “regras” do sistema, podemos aprender outras novas e mudar nossa vida. Uma lei muito importante na nossa jornada é a que diz que não tem como plantar maçã e colher abacaxi. Essa talvez seja uma das poucas regras incríveis que o sistema nos ensina, mas é muito pouco reforçada. Porque a lei do plantio e da colheita é universal! Colhemos hoje o que plantamos no passado. É essa semeadura que dá os frutos do presente. A lei do plantio e da colheita é uma sabedoria milenar e não há como fugir dela. Todos os dias da nossa vida estamos plantando em alguma medida. Consciente ou inconscientemente. Sendo guerreiro ou rebanho, não importa, o plantio é feito em todas as nossas ações, passos e palavras. Para o bem e para o mal. Então estou condenado para o resto da vida com a colheita de agora? De forma alguma!

Repito, a colheita de hoje é o plantio de ontem, mas você pode mudar e plantar outras sementes, regar com mais atenção e cuidado, com uma nova estratégia para colher frutos melhores amanhã. Podemos agir de muitas formas diferentes e, consequentemente, o resultado será diferente também.

Sei que pode parecer duro ou sarcástico o que vou dizer, mas eu queria dar parabéns para você por toda sua colheita atual. Imagino que em alguma área da sua vida você esteja colhendo o que gostaria, parabéns por isso, você mereceu! Mas eu também sei que devem ter resultados que gostaria que fossem diferentes, que a colheita está bem longe de ser aquela que você gostaria, parabéns por isso, você também mereceu! É fundamental assumir que a colheita é responsabilidade de quem planta e, sendo mais direto, aceitar que sua colheita atual, a boa e a ruim, a que você quer e a que não quer, não é responsabilidade de mais ninguém além de você.

Se você estiver pronto para aceitar isso, estamos prontos para seguir no seu processo de assumir o comando da sua vida e parar de tentar e começar a conseguir uma vida verdadeiramente extraordinária. Só para ter certeza disso, juntos, vamos fazer um rápido exercício, completando e respondendo às perguntas abaixo.

→ **Qual resultado você gostaria de ter na sua vida, mas ainda não tem hoje?**

Exemplos: ter "x" quilos a menos; ser promovido na empresa; ser um investidor com "x" reais investidos.

____

____

____

____

____

____

→ **O que você plantou ou deixou de plantar nos últimos meses para não ter o resultado que gostaria hoje?**

Exemplos: me alimentei mal; fui um funcionário mediano; não investi em treinamentos para evoluir; gastei mais do que ganhava ou gastei tudo que ganhava.

____

____

____

____

____

____

→ **O que você aprendeu sobre si mesmo com esse rápido e simples exercício?**

____

____

____

____

____

____

CAPÍTULO 4

O PLANO DE BATALHA PARA ASSUMIR O COMANDO DA SUA VIDA

Recentemente, eu estava num voo para dar um treinamento em São Paulo e resolvi parar e me perguntar: estamos sempre em busca de uma vida que seja verdadeiramente extraordinária, mas, na prática, o que é ou o que faz de fato uma vida ser extraordinária? Interessante aqui é que a resposta veio muito rapidamente: uma vida extraordinária é uma vida que deu certo.

Mas como coach que sou, imediatamente me veio na cabeça a próxima pergunta: e o que é uma vida que deu certo? Vamos caminhar juntos nesse pensamento. Quando eu e você criamos um projeto, como padrão, o criamos para dar certo ou para dar errado? Espero que sua resposta mental tenha sido: para dar certo, com certeza!

- Quem escolhe uma carreira a escolhe para dar certo, correto? Eu nunca vi ninguém dizendo que escolhe uma carreira para fracassar.
- Quem entra num casamento com outra pessoa faz isso para dar certo. Eu nunca vi ninguém dizendo que entra num casamento para se divorciar.
- Quem escreve um livro escreve para dar certo, para vender e

talvez ser até um best-seller. Ao menos eu nunca vi ninguém dizendo que quer escrever um livro para ficar encalhado.

- Quem programa a vida financeira faz isso para ficar rico ou ter independência financeira. Eu nunca ouvi a expressão "Vou fazer aqui um planejamento para ficar endividado".
- Uma empresa é criada para dar certo. Um produto novo é colocado no mercado para vender. Um treinamento é dado para lotar e ser transformador. As pessoas entram nas empresas para manter seus empregos e crescer.

Todos esses são projetos e, como todo projeto, nós que somos os criadores queremos que eles deem certo. Por isso, posso afirmar que TODO PROJETO É CRIADO PARA DAR CERTO. Seguindo essa linha, você também é um projeto criado por alguém. Seja por Deus, por uma Força Superior, pela seleção natural ou pelos seus pais, de um jeito ou de outro, você é um projeto desenvolvido. E como todo projeto, queria lhe lembrar disso: VOCÊ FOI CRIADO PARA DAR CERTO!

No meu caso, acredito que somos um projeto de Deus, que nos criou com um propósito específico, e atingir esse propósito, para mim, é dar certo. Na prática, toda a minha busca por evolução e todos os treinamentos que crio é para eu e você sermos tudo aquilo que nascemos para ser.

Então, se você é um projeto que nasceu para dar certo, por que é tão fácil cair em estratégias que não geram os resultados que você gostaria? Por que é tão rápido dar passos na direção errada? Talvez você já tenha tido algumas quedas na sua vida.

E vou ser muito sincero: por mais que a responsabilidade pelas estratégias seja sua, que é o seu plantio, precisamos lembrar, sempre, que há um sistema que nos empurra para a mediocridade. Como conversamos longamente no Capítulo 3, o sistema provavelmente também não foi favorável com você. Porém, a boa notícia é que você pode mudar de estratégia! Se os resultados que você tem hoje não se alinham com o que você quer para sua vida, a única maneira de mudar isso é aprendendo novas estratégias. Entender isso é fundamental para tudo o que você vai fazer a partir de agora.

Para driblar essa situação e efetivamente assumir o comando de sua vida e de seu futuro, você precisa de um plano, o PLANO DE BATALHA. Ao entender que vivemos num sistema que nos molda para permanecermos sempre na média, e que o cérebro, tentando nos proteger, muitas vezes nos boicota quando queremos viver uma mudança, decidi que precisava encontrar um plano que me devolvesse o poder de comandar minha história. Para isso, fui analisar como eu tinha conseguido fazer a virada na minha própria história e percebi elementos importantes. Um deles é sobre nossos talentos.

O SEU MANUAL DE INSTRUÇÃO

Sei que já falamos rapidamente sobre talentos, porém encontrá-los nem sempre é tão simples, mas é essencial para conseguir colocar o Plano de Batalha em ação. Talento não está necessariamente relacionado a habilidades artísticas. Talento está relacionado àquilo que você faz tão naturalmente que mal percebe que é bom

Se os resultados que você tem hoje não se alinham com o que você quer para sua vida, a única maneira de mudar isso é aprendendo novas estratégias.

naquilo. E, por ser tão natural e orgânico, chega a ser até desafiador perceber quais são eles, mas, quando identificados, são um ótimo manual de instrução para saber aonde ir.

Gosto de pensar assim: se alguém tem talento com pessoas, não faz muito sentido passar o dia na frente de uma planilha de Excel. Por outro lado, se a pessoa é excelente em ouvir, não deveria ter um emprego em que só fala. Resumindo, penso que nosso Criador (e aqui vou abrir um novo parênteses, mesmo que você não acredite em Deus, ainda assim você é um projeto, no mínimo, criado pela natureza) não cria nada para dar errado e nossos talentos são as pistas que Ele nos dá sobre o que é dar certo.

Então, na jornada da nossa vida, a grande magia é colocar nosso talento à disposição de nós mesmos, das pessoas ao nosso redor e da humanidade. Isso deve ser feito de forma remunerada, que vai nos dar o dinheiro para ter uma jornada abundante, mas também de forma gratuita para aqueles que não podem pagar pelo que temos a oferecer com nosso talento. É isso que vai gerar, para você e para mim, o senso necessário de uma vida extraordinária e a convicção de que estamos na direção correta.

Quando identificamos nosso talento e conseguimos ser remunerados por ele, é incrível! Ser remunerado pelo nosso talento é uma das grandes magias da vida. Ao mesmo tempo que podemos entregá-lo de forma gratuita e, assim, minimizar a dor das pessoas que passam por nós. Alguns vão minimizar a dor de uma ou de duas pessoas, outros vão minimizar a dor de milhares, mas isso não é relevante. O importante é colocar nosso talento à disposição da evolução da humanidade!

Talvez você pense assim: "Entendi, Geronimo, mas como posso identificar meus talentos?". Eu gosto muito da ideia de sermos um cientista de nós mesmos. Na prática, um bom caminho é começar a se perguntar como foi seu dia: o que você fez nos dias em que terminou com a sensação de que a vida vale a pena e o que você fez nos dias que foram ruins. É interessante, também, pedir ajuda para pessoas próximas e que o conhecem bem. Elaborei dois exercícios para ajudar você nessa jornada:

EXERCÍCIO 1

Pense em três dias que foram incríveis na sua vida. Estamos em busca de atitudes, tarefas, realizações, trabalhos e outras ações que você fez nesses dias que foram bons. Por que eles foram bons, o que fez eles valerem a pena?

Faça uma lista e descreva o que aconteceu nesses dias em detalhes:

DIA 1:

____

____

____

____

DIA 2:

____

____

____

____

DIA 3:

Agora observe e descreva o que há em comum nesses dias:

EXERCÍCIO 2

Envie a mensagem abaixo para 5 pessoas próximas e que conhecem você bem o suficiente para responder o seguinte:

> **Olá, (nome), tudo bem? Eu estou lendo um livro de desenvolvimento pessoal e o autor, Geronimo Theml, está me desafiando a ser uma pessoa melhor. Para isso, eu preciso descobrir no que sou bom, onde estão meus talentos. Eu acho que você pode me ajudar! Quando olha para mim, o que você acredita que eu faço bem? Pode me contar? Obrigado!**

Aproveite o espaço abaixo para tomar notas do que você aprendeu sobre você e seus talentos:

____

____

____

____

____

____

____

____

____

Com esses exercícios em mãos, você terá uma análise bastante interessante e poderá identificar no que você é bom e quais são os seus talentos.

UMA OBSERVAÇÃO IMPORTANTE

Existem dois perfis de pessoas quando falamos em trabalho e talentos: pessoas que precisam trabalhar com o que amam e pessoas que trabalham como meio de fazer dinheiro e fazem o que amam nas horas vagas. Eu, por exemplo, preciso trabalhar com os meus talentos, assim eu me sinto preenchido. Já para a Paty, minha esposa, neste momento da jornada dela, não é necessário. Para ela, trabalho é trabalho e ela exercita seus talentos fora do horário comercial. O trabalho, para ela, tem a função de fornecer o dinheiro necessário para que ela possa colocar seus talentos em prática nos momentos de lazer.

Não há certo nem errado. O que não pode ocorrer é você se sentir maltratado, fazendo algo que é um sacrifício e que o adoece, como era o meu caso na AGU. Então, algumas pessoas precisam trabalhar com seu talento, já para outras pessoas está tudo bem que o trabalho não esteja relacionado ao talento, desde que não afronte seus valores e suas crenças. E, quem sabe, um dia, essas pessoas possam ficar tão apaixonadas pelo que fazem nas horas vagas que decidam ganhar dinheiro com isso. Ou seja, não é uma obrigação, é só a jornada de cada um se desenhando de um jeito diferente, em etapas diferentes.

Lembrando, também, que cada um terá seu próprio tempo para descobrir seus talentos e entender se quer fazer essa transição para trabalhar com eles. A Paula Abreu, escritora best-seller, diz o seguinte: "Às vezes, a gente passa uma vida construindo um castelo de merda, e quer construir um castelo de cristal em seis meses". Então, a gente tem que ter o cuidado de não acreditar que existe uma fórmula mágica, como se pudéssemos apertar um botão mágico e mudar tudo imediatamente. Por outro lado, é importante saber que, para reconstruir sua vida, você não vai precisar do mesmo tempo que levou para chegar aonde está. Lembre-se de que eu mesmo vivi até os 38 anos tentando me achar, fiz minha transição em dois anos, para aos 40 fazer o que realmente amava, a partir do momento em que estava focado e com clareza sobre o meu propósito.

Percebo, usando como experiência minha própria jornada e tudo o que eu tenho vivido como treinador, que as pessoas não se desesperam por não terem atingido a meta estipulada ou por não terem chegado aonde gostariam. O que desespera as pessoas é não estarem caminhando na direção do que gostariam para a sua vida – e, às vezes, nem ter clareza de qual é a direção. É isso que traz o desespero.[6] No dia em que eu escrevi, no guardanapo, um plano para sair da AGU, continuei trabalhando lá por mais dois anos, mas eu já estava em movimento. Mesmo que demorasse, eu chegaria lá. A angústia passou e eu tive tranquilidade e plenitude para trilhar esse caminho.

Resumindo: quando nos colocamos em movimento para conseguir o que queremos, o sentimento de impotência, ansiedade e até desespero dá lugar a motivação, vontade de conseguir e satisfação pela caminhada. Se tem uma coisa que aprendi na minha jornada é que a cura não vem por esperar, a cura vem da ação.[7] Tendo essas diretrizes, vamos ao Plano de Batalha para você ser o guerreiro da sua história!

---

6 É óbvio que não estou falando aqui em desespero decorrente de eventuais transtornos. Nesse caso, precisamos de apoio profissional, como um psicólogo capacitado.

7 Refiro-me a cura no sentido genérico, e não técnico da palavra. Embora possamos quase dizer que as pessoas andam doentes e aprisionadas em vidas medíocres, tecnicamente não é uma cura, mas sim um sentimento positivo de alívio por estar em movimento.

O PLANO DE BATALHA

Como expliquei no capítulo anterior, existem dois nascimentos ao longo da nossa vida. O nascimento biológico e o nascimento do basta, quando optamos por nos libertar do sistema, quando não aceitamos mais ser domesticados e decidimos sair da condição de rebanho para nos tornar guerreiros da nossa própria existência, o herói da nossa própria vida. Para enfrentar essa grande batalha – que não é fácil nem gostosa, mas necessária para atingir uma vida extraordinária –, precisamos de um mapa. Eu construí um Plano de Batalha ao longo da minha própria jornada e de todos esses anos como coach, ajudando pessoas em suas jornadas também. Todos nós precisamos de um Plano de Batalha vitorioso, que nos ajude a dominar o mecanismo da mudança e da transformação verdadeira. Com essa lógica, gastamos menos energia, conquistamos mais resultados e nos tornamos donos do nosso próprio destino.

Esse plano **(ver esquema)** é baseado num triângulo: as pontas que estão na base desse triângulo se referem à ESTRATÉGIA e à PRÁTICA. No vértice, está a FILOSOFIA. E há o círculo que abraça as três pontas e o torna verdadeiramente possível, que é o **AMBIENTE**. Todos esses pontos serão detalhados e aprofundados nos próximos capítulos.

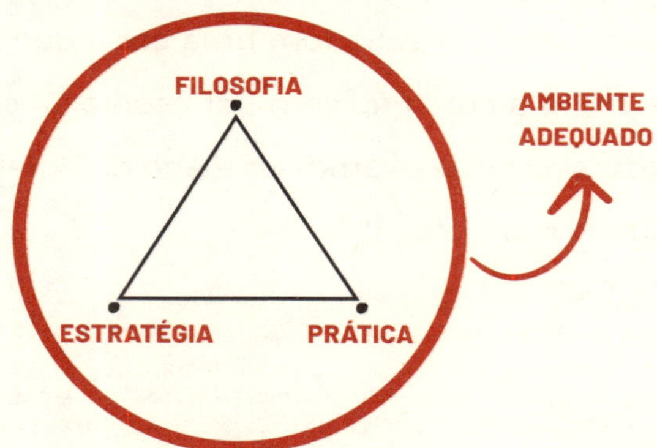

Talvez você se pergunte a razão de o nome ser Plano de Batalha, afinal, poderia ser simplesmente uma estratégia. Mas o fato é que enquanto acreditarmos de forma inocente que a vida maravilhosa virá em algum momento porque "eu mereço", o que vai acontecer na prática é que a vida vai passar e o tique-taque do relógio do tempo vai ficar mais alto e, às vezes, com a impressão de estar mais rápido – muita gente tem a sensação de que o ano voou, de que o tempo está passando cada vez mais acelerado.

Então, sim! Precisamos de um verdadeiro Plano de Batalha para ter uma vida extraordinária. E uma questão válida aqui é: que batalha será essa? Quando eu penso numa batalha, o que vem na minha cabeça são dois exércitos num campo brigando para vencer a guerra. No nosso caso, muitas pessoas andam perdendo a batalha porque lutam no campo errado – elas tentam lutar no mundo exterior, contra as circunstâncias, como falta de dinheiro, de tempo, de compreensão, de apoio em casa. Esse não é o verdadeiro campo de batalha. A verdadeira batalha é aquela que existe dentro de cada um de nós. Uma frase que resume exatamente o que quero dizer é do filósofo francês Jean-Paul Sartre: "O importante não é aquilo que fazem de nós, mas o que nós mesmos fazemos do que os outros fizeram de nós".

A luta não é contra a falta de dinheiro, a falta de tempo, a ausência de apoio familiar, a luta é contra como a gente se porta diante dos desafios, e essa batalha, como eu já disse, acontece dentro da gente. Vamos em frente.

A JORNADA NÃO VAI SER FÁCIL

Como eu já disse: não existe caminho único, não existe certo nem errado, e preciso deixar claro desde agora que não será fácil chegar lá nem manter a conquista que virá. Essa é a batalha e essa é a vida do guerreiro da sua própria história, mas quando a vitória chega, o sentimento de realização é indescritível. Quando eu digo tudo isso, não é com o intuito de desanimar você. Pelo contrário! É para fortalecê-lo! Porque percebo que muitas pessoas acham que, quando descobrem seu propósito de vida, pássaros descerão dos céus, trombetas tocarão e todos viverão felizes para sempre. Como se fossem mudar de vida e acordar todos os dias num filme de conto de fadas. NÃO! Não é isso que acontece. Os dias não ficam mais fáceis, nem os problemas serão extintos. O que acontece é que você passa a ter uma vida com significado, que vale a pena ser vivida, e, finalmente, com seu esforço você conquista uma vida que deu certo, uma vida extraordinária. Ter projetos que façam sentido para você e para o seu propósito e tornar esses projetos bem-sucedidos. Gosto muito dessa passagem da Bíblia, em João 16:33, que representa uma sabedoria milenar e que me ajuda no meu dia a dia: “Neste mundo, vocês terão aflições; contudo, tenham ânimo. Eu venci o mundo”. É uma frase que mostra com muita força, para mim, o que é viver na Terra: um planeta que está muito mais para um ambiente escolar do que para um parque de diversões. Estamos aqui para aprender e evoluir, do contrário, nada disso faria sentido.

Muitas pessoas ficam esperando que o propósito de vida, que o nosso talento, que o lugar que Deus quer para nós, seja um lugar de

A verdadeira batalha é aquela que existe dentro de cada um de nós.

paraíso e festas. Mas não é disso que se trata. Mesmo encontrando nosso propósito e sentido, continuaremos na batalha, com momentos de aflição. Mas, sempre, com "bom ânimo" para enfrentá-los, porque entendendo meu propósito a vida tem significado e sentido. Por inúmeras vezes, eu acordei 4h30 da manhã para viajar e palestrar em outra cidade. Algumas vezes estava exausto, cansado, mas acordava com ânimo, pois sabia que estava sendo tudo aquilo que poderia ser, ocupando meu lugar no mundo.

Agora que entendemos a razão de precisar de um Plano de Batalha para ter uma vida extraordinária, e que esse plano envolve quatro elementos – estratégia, prática, filosofia e ambiente –, vamos seguir para detalhar cada etapa.

CAPÍTULO 5

COMO CRIAMOS A NOSSA REALIDADE

Pense numa pessoa que quer um aumento de salário na empresa que trabalha ou quer fazer uma transição de carreira. Ela deseja muito essas conquistas, mas procrastina suas entregas, fica se distraindo com redes sociais e, assim que dá o horário de bater o ponto, é a primeira a se levantar, sempre entregando o mínimo necessário. Será que essa estratégia vai gerar os resultados que ela quer? Meu ponto aqui é: tudo é estratégia (embora essa estratégia seja influenciada por outros fatores que veremos nos próximos capítulos, como prática, filosofia e ambiente).

Existem estratégias extraordinárias, que levam a resultados extraordinários. E existe a estratégia de merda, que leva a resultados de merda, que são aqueles resultados que você verdadeiramente não quer. É exatamente dessa estratégia que não serve que a gente vai começar a se livrar a partir de agora e ir rumo à estratégia extraordinária, rumo àquela que gera os resultados que você realmente quer para sua vida. O problema é que nem sempre essas estratégias são conscientes e vencedoras, muitas delas acontecem automaticamente sem nem notarmos que elas estão atuando. E aí seu resultado pode virar o oposto daquele que você desejava ter.

Dá uma olhada no diagrama a seguir. Ele parece simples, mas é muito mais poderoso do que até eu poderia imaginar quando o desenhei pela primeira vez. O fato é que ele impactou a minha vida e a da minha família e já mudou a vida de milhares de pessoas:

Essa é uma representação do que chamei de Ciclo da Realidade. Sei que pode parecer confuso vendo assim. Mas vou explicar a você o que é cada um desses elementos com um exemplo bem prático.

Vamos imaginar uma situação concreta que é bem comum em ambientes corporativos. Digamos que um profissional acredite que na empresa onde trabalha só é promovido quem puxa o saco do chefe. É assim que ele **VÊ**, e a forma como vê determina como ele **CRIA** o mundo dele. E aqui é só o começo do problema, ou da solução. Ele acabou de CRIAR um mundo para si, onde as pessoas só são promovidas se puxarem o saco do chefe e isso é coisa que ele não faz. Se ele CRIOU esse mundo, agora ele vai **SER** uma pessoa que vive nesse mundo que criou. E quem ele É (SER) determina o que ele vai **FAZER** no dia a dia. Então, num dia o chefe pede para quem do time puder ficar um pouco mais depois do horário para ajudar com uma urgência inesperada que surgiu. Como, no mundo dele,

ele não será promovido mesmo, acaba sendo o primeiro a dizer que não pode ficar, ou seja, faz coisas de quem vive num mundo onde só é promovido quem puxa o saco dos chefes.

Seguindo no exemplo, no dia em que houver uma oportunidade de crescimento dentro da empresa, quem você acha que o chefe vai sugerir para promoção? Aquele que nunca está disponível ou aquele que se esforçou mais e se mostrou disposto a ajudar? Com certeza, não vai ser o nosso amigo. Ou seja, ele acabou de **TER** aquilo que **VIU** lá atrás. E o que acontece, o resultado de não ser promovido, reforça ainda mais a forma como ele **VÊ** o mundo. Em resumo, quanto mais ele TEM aquilo que ele imaginava mais ele VÊ; e agora vem o grande problema, quanto mais ele vê, mais ele reforça e cria o que vamos chamar de CICLO DA REALIDADE.

A consequência disso é que, no mundo do nosso exemplo, ele acabou de confirmar que só é promovido quem é da patotinha do chefe. E o Ciclo da Realidade dele está criado. Até que um dia ele perde o emprego e é contratado por uma nova empresa, e, no primeiro almoço com os colegas de trabalho, repete a mesma frase: "Quero só ver se aqui é da mesma forma de todas as empresas que trabalhei, se só é promovido quem é da patotinha e puxa-saco do chefe", e tudo se repete.

Eu preciso que você entenda aqui o seguinte: Quanto Mais Você Vê, Mais Você Cria, Mais Você É, Mais Você Faz, Mais Você Tem... Quanto Mais Você Tem, Mais Você Vê, Mais Você Cria, Mais Você É, Mais Você Faz, Mais Você Tem... Entende o ciclo?[8] Parece

8 Caso ainda não tenha ficado claro, assista a esta palestra dada por mim no TEDxSantos sobre o Ciclo da Realidade: https://youtu.be/PzZAGs57BEk.

Existem estratégias extraordinárias, que levam a resultados extraordinários.

E existe a estratégia de merda, que leva a resultados de merda, que são aqueles resultados que você verdadeiramente não quer.

algo instransponível? E é, mas calma. Tenho uma boa notícia, que vai pautar tudo o que vamos ver daqui para a frente.

A MANEIRA MAIS RÁPIDA DE MUDAR O QUE VOCÊ DESEJA

Normalmente, os resultados que queremos para nossa vida e ainda não temos tendem a estar ligados a Ciclos de Realidades criados que geram interferências negativas e dos quais ainda não conseguimos nos livrar. Perceba: se você criou alguma realidade para a sua vida que não o favorece, você também pode criar uma nova que seja impulsionadora dos seus sonhos. Mas você precisa estar disposto ou disposta a isso. E, claro que esse é o primeiro passo, em seguida precisará de uma estratégia nova, consciente, para encontrar o caminho certo, ainda vamos falar disso.

Todas as pessoas que treinei e que conseguiram quebrar o Ciclo da Realidade que as impedia de ser tudo aquilo que nasceram para ser tiveram uma coisa em comum, um primeiro passo que baseou toda a mudança: **elas assumiram a responsabilidade por seus resultados**. Independentemente de tudo o que você tenha enfrentado até hoje, dos obstáculos, do que você passou, dos resultados que você colheu, não importa o que tenha acontecido na sua vida, precisamos voltar ao que Sartre diz: "O importante não é aquilo que fazem de nós, mas o que nós mesmos fazemos do que os outros fizeram de nós".

Sempre uso como um exemplo incrível o Fernando Fernandes, que conheci pessoalmente numa palestra. Acompanho a sua trajetória e sou fã dos resultados dele! Ele é atleta desde a infância, foi modelo e ficou conhecido por ter participado do Big Brother Brasil em 2002. Em 2009, ele sofreu um acidente automobilístico que o deixou paraplégico. Imagine o processo desafiador após o acidente? Naquele momento, ele teve que tomar uma decisão: o que fazer com aquela situação? Sucumbir e entristecer? Ou criar algo a partir daquela realidade tão difícil? Começou a treinar canoagem em Brasília, enquanto fazia reabilitação naquela cidade. Tornou-se um atleta paralímpico e, desde então, ganhou prêmios e notoriedade na nova carreira. Quais possibilidades existiam para ele? Naquele momento, ele tinha acabado de perder um grande contrato como modelo, não tinha movimentos da cintura para baixo e tinha argumentos razoáveis para se ver como um coitado, que sua profissão de modelo estava arruinada e outros pensamentos como esses. Ou fazer o melhor do que ele era capaz, diante das circunstâncias que se apresentavam, e foi isso que ele escolheu. Percebe como tudo acontece no mesmo campo de batalha, aquele dentro da gente, dentro da nossa mente?

Quando aceitamos isso, assumimos a responsabilidade pelos nossos resultados, sejam eles extraordinários ou de merda, mas o fato é que assumir a responsabilidade por eles nos dá o incrível poder de mudar, pois se eu criei essa realidade para mim, posso criar qualquer outra. É a partir daí que você vai ser capaz de seguir em frente e buscar estratégias novas, de forma consciente, para conquistar aquilo que realmente importa para sua vida.

A ideia do "eu vejo, eu crio" é muito mais profunda do que possa parecer. Ela tem suporte e evidência científica, ao ponto de causar reações neuroquímicas no nosso corpo. Acompanhe esse exemplo de uma pesquisa feita com jovens alérgicos, explicada em artigo do *The New York Times*.

Treze jovens alérgicos a um determinado tipo de planta foram vendados e passaram por um teste. No braço direito deles, esfregaram uma planta a qual disseram ser do exato tipo a que eles tinham alergia, e, obviamente, 100% dos jovens tiveram coceira, queimação ou vermelhidão no local. No braço esquerdo, esfregaram uma outra planta, dita como não alérgica, e apenas dois apresentaram sintomas clássicos de urticária.

O mais incrível desse experimento é que a planta esfregada no braço direito, que causou 100% de reação alérgica, não era, na verdade, a planta que causava alergia naqueles jovens, mas como o que "eu vejo, eu crio", no mundo deles aquela era a planta que causava alergia, então todos tiveram reações a uma planta não alérgica.

Talvez ainda mais surpreendente foi o que aconteceu no braço esquerdo, em que foi esfregada uma planta que realmente gerava reação alérgica naqueles jovens, mas apenas dois deles tiveram sintomas, os demais onze jovens nem sequer tiveram qualquer sintoma de urticária.

É óbvio que esse experimento não foi feito com o propósito de provar que o que "eu vejo, eu crio", e se você for alérgico a camarão, por favor, não saia por aí vendando os olhos comendo camarão e dizendo para si mesmo que é batata, na esperança de que isso não lhe cause alergia. Brincadeiras à parte, acredito que você entendeu o poder que existe naquilo que nós vemos e criamos. Aquele jovens criaram um mundo onde uma planta a que eles tinham alergia não causou qualquer reação em onze dos treze, e uma planta

Se você criou alguma realidade para a sua vida que não lhe favorece, você também pode criar uma nova que seja **impulsionadora** dos seus sonhos. Mas você precisa estar disposto ou disposta a isso.

que não causaria nenhum sintoma gerou reações adversas em todos eles. Imagine que reações adversas geramos em nós mesmos a respeito de dinheiro, relacionamentos, nossas capacidades de poder ou não poder, de ser capaz ou não, de merecimento ou não, de cuidados com nosso corpo e em toda espécie de pensamentos que temos a respeito do que somos.

Antes de seguir, precisamos parar por um instante e fazer um rápido exercício, parecido com o que é ensinado dentro da Formação em Coaching Criacional do IGT International Coaching. Eu vou fazer algumas perguntas e preciso que você responda com total sinceridade. Apenas vá respondendo e seguindo o fluxo. Para conseguirmos fazer este exercício, preciso que você tenha em mente alguma área da sua vida que queira obter mais realização e ainda não conseguiu.

CICLO DA REALIDADE ATUAL:

O QUE EU TENHO

O que você tem na sua vida hoje e que não aguenta mais?

Neste momento, não quero que você escreva o que você gostaria de ter, mas sim aquilo que você não aguenta mais ter.

Exemplos: 15 quilos acima do que gostaria; um casamento morno, sem sexo nem companheirismo; muitos anos sem aumento salarial; enfim, anote o resultado atual que você não quer mais.

TER (resultados atuais)

____

____

____

____

____

____

____

____

____

____

O QUE EU FAÇO

Quais são as ações que você vem fazendo constantemente e geraram os resultados atuais que você não quer mais ter?

Exemplos: comendo dois pratos no almoço; comendo doce demais; ficando muito tempo nas redes sociais; enfim, as ações que têm gerado seus resultados.

FAZER (ações atuais)

____

____

____

____

____

____

____

____

____

____

QUEM EU TENHO SIDO

Que tipo de pessoa você tem sido, para fazer o que faz e ter os resultados que anda tendo?

Importante: aqui o propósito não é você se maltratar, usando palavras negativas contra si mesmo. O objetivo é entender que tipo de pessoa você tem sido, para fazer o que tem feito e ter o que tem tido.

Exemplos: alguém que não se importa com o impacto do peso na própria saúde; alguém que tem sido mediano no trabalho; alguém que dá mais importância para o celular que para a família.

SER (visão atual de si mesmo)

____

____

____

____

____

____

____

____

____

____

____

Agora que você entendeu como o seu Ciclo da Realidade pode estar sabotando você, vamos começar pela mudança onde ela deve realmente iniciar, que é na sua visão atual de si mesmo. Antes de seguir, responda a seguinte pergunta: para você ter os resultados que gostaria de ter e fazer as coisas que deveria fazer, que tipo de pessoa você deveria ser?

Para conquistar a realidade que desejo, eu devo ser alguém que...

____

____

____

____

____

É fundamental entender o seu Ciclo da Realidade atual, que conseguiu mostrar que seus resultados são decorrência das estratégias que adotou na vida. E mais: para conquistar uma vida extraordinária é preciso *ser* a pessoa que faz e tem aquilo que o levará ao próximo nível. Estou 100% comprometido com você para darmos o próximo passo. Posso contar com a sua parte do comprometimento? Tomara que sim! Vamos em frente.

CAPÍTULO 6

O ERRO DOS 100%

O ERRO DOS 100%

Uma das definições do que é estratégia de que mais gosto é a do dicionário *Michaelis*: "Arte de planejar e coordenar a ação das forças militares, políticas, econômicas e morais envolvidas na condução de uma guerra na preparação da defesa de um Estado ou comunidade de nações". A estratégia é um dos pilares fundamentais para vencer a nossa maior batalha, que é aquela que acontece dentro da gente e, com isso, conquistar resultados extraordinários e, consequentemente, atingir uma VIDA EXTRAORDINÁRIA.

Todos nós, com certeza, em algum momento da vida, optamos por uma estratégia que não gerou o resultado que a gente esperava. Uma dieta que não deu certo; um promoção que não aconteceu; um projeto que parou no meio; se inscrever na academia por um ano e não ir mais do que algumas semanas; relacionamento que parecia ser para sempre, mas acabou no caminho; decisão por se tornar um investidor e terminar um tempo depois como um devedor; metas de ano-novo que tem anos que você estabelece e não realiza, enfim, essa não é uma história sua nem minha, talvez seja a história da humanidade.

Aprendi muito em 40 anos acumulando fracassos nas mais diversas áreas da minha vida. Nas minhas metas de ano-novo, a decisão de malhar o ano inteiro, trincar o abdômen, correr uma meia maratona, consertar os dentes, ler uma quantidade de livros e falar inglês frequentavam quase todos os anos a lista (nada) mágica do final do ano. E, muitas vezes, em fevereiro eu já nem sabia mais onde tinha anotado meus comprometimentos. Chegava dezembro e a magia acontecia de novo, os itens voltavam para a lista, a motivação dos cinco primeiros dias de janeiro era surreal, mas aí vinha a segunda semana, a terceira, a quarta... e quando eu via, opa, chegou dezembro de novo, vamos para as metas.

Quando olho para trás, vejo que um dos meus grandes erros era querer 100% de um determinado resultado e dar 100% de mim por ele. Sim, exatamente isso, um dos maiores erros de uma pessoa em busca de uma meta é dar 100% de si para alcançar 100% do objetivo. Vamos nos referir a essa estratégia inadequada como 100-100.

Normalmente, as pessoas criam metas buscando alcançar o melhor resultado possível naquela área se comprometendo com o máximo de esforço possível. Vou dar alguns exemplos:

CENÁRIO ATUAL	META	COMPROMETIMENTO
Devendo dinheiro ao banco.	Pagar todas as dívidas e ter 100 mil reais guardados.	• Não sair nenhuma noite; • Não gastar dinheiro com nada extra; • Anotar todas as despesas; • Estudar sobre investimentos.

30 quilos acima do peso desejado.	Ficar sarado, trincar o abdômen e completar uma corrida de 10 quilômetros.	• Passar a acordar às 5 da manhã; • Malhar 5 vezes por semana; • Correr 3 vezes por semana; • Cortar açúcar e glúten; • Comer saudável no trabalho.
Casamento fracassado.	Casamento de cinema.	• Não brigar mais em casa; • Ir deitar todos os dias no mesmo horário; • Não usar celular perto; • Conversar por horas todos os dias; • Sexo 5 vezes por semana.

"Geronimo, você está me dizendo que eu não posso sonhar grande?" Não é nada disso, claro que pode, não só pode como deve, mas o problema não é esse. O fato é que as pessoas estabelecem metas tão distantes que não têm força magnética e se comprometem com atitudes que quase nenhum humano conseguiria fazer de forma sustentável por meses até que a meta se concretize.

Digo isso porque é uma realidade bastante comum no meu dia a dia. Muitas pessoas me procuram e me pedem ajuda depois de muitas frustrações. Ou seja, por várias vezes, elas estipularam um sonho e se entregaram 100% para alcançá-lo. Definiram e começaram a cumprir, acordavam às 5 horas da manhã, faziam exercício, jejum intermitente, cortaram farinha, glúten e lactose..., enfim, fizeram uma rotina intensa para atingir determinado objetivo.

Algumas poucas pessoas muito especiais, que nasceram com uma enorme força de vontade, podem até conseguir, eu não. Em geral, a pessoa pode até conseguir na primeira, segunda ou terceira semana... mas não muito mais do que isso. É muito esforço para a maioria dos seres humanos. Há vários estudos que mostram essa dificuldade. Um deles, em particular, da autora norte-americana Kelly McGonigal, é enfático nesse sentido, no qual ela explica que a força de vontade acaba. É finita. Ou seja, quando você tenta fazer 100% do que você quer, com 100% do esforço, é como correr uma maratona usando técnicas de uma prova de 100 metros rasos. O que dá na mesma que um maluco em disparada. Você até pode liderar os 800 metros iniciais, mas a maratona tem 42 quilômetros. Resumindo: você NUNCA vai chegar ao final dela. É cruel, mas a verdade é que você vai ficar pelo caminho.

E isso ocorre em diversos momentos e esferas da nossa vida. Quantas vezes prometemos, a nós mesmos, que iríamos economizar dinheiro? Na primeira semana, a gente para de comprar tudo, até de tomar aquele cafezinho com a turma do escritório depois do almoço. Anota todos os gastos, até os centavos. Na segunda semana, já começa a dar uma relaxada. Na terceira, para de anotar e, depois, volta a tudo como estava, ou às vezes até pior, pois quando decide que não vai controlar mais, compra de uma única vez tudo que não comprou durante o período de economia.

O SEGREDO ESTÁ EM USAR A ESTRATÉGIA CERTA

Mas, como eu disse a você, é possível utilizar outra estratégia. Já vimos como o Ciclo da Realidade afeta a percepção de mundo das pessoas e como podemos modificá-la. Já entendemos que os resultados que colhemos são consequência direta das estratégias que adotamos. Por isso, vou compartilhar com você, neste capítulo, a estratégia que eu uso na minha vida e que considero transformadora e acessível, ou seja, pode colocá-la em prática hoje mesmo, em qualquer esfera da vida. É uma estratégia que me permite ter muito menos esforço para alcançar o resultado que realmente importa, é a estratégia 20-80.

Vamos voltar ao exemplo das pessoas que se dispuseram à estratégia 100-100. Uma delas queria sair da dívida e juntar 100 mil reais, mas para isso fez tanto esforço que acabou devendo mais do que antes. Só que se você pergunta a ela como se sentiria se quitasse suas dúvidas e começasse a sobrar dinheiro para investir, provavelmente ela se sentiria uma vitoriosa.

A pessoa que queria eliminar 30 quilos e ficar sarada, imagine se ela eliminasse 25 quilos e estivesse em forma, pois começou uma atividade de corrida leve, provavelmente ela lhe diria que seria um sonho realizado.

A que queria ter um casamento de cinema, sem brigas, sem celular, com conversa todos os dias e sexo cinco vezes por semana, se simplesmente o casamento dela passasse a ter 15 minutos de conversa harmoniosa à mesa todos os dias, com momentos de alegria e paz, sem tanto celular e com mais sexo do

A estratégia é um dos pilares fundamentais para vencer a nossa maior batalha, que é aquela que acontece dentro da gente, e, com isso, conquistar resultados extraordinários e, consequentemente, atingir uma vida extraordinária.

que tem hoje, ela provavelmente diria que estaria nas nuvens dessa forma.

Então, ficou claro para mim que as pessoas sempre ficam extremamente satisfeitas com 80% do resultado total, mas, infelizmente, motivadas talvez pelo consumismo e pelo mundo perfeito das redes sociais, insistem em estabelecer metas 100%, que não têm força magnética e demandam um esforço que poucos conseguem dar. A boa notícia é que é possível conseguir os 80%, que é o que a maioria das pessoas realmente deseja, com 20% de esforço, desde que seja feito da forma correta. Essa é a estratégia 20-80 que venho aplicando na minha vida.

Esse conceito foi desenvolvido pelo economista italiano Vilfredo Pareto e é explicado no livro *A única coisa*, de Gary Keller e Jay Papasan. Uma das hipóteses do seu surgimento é que ele compreendeu isso ao observar que 80% da riqueza da Itália vinha de 20% das famílias do país. A partir desse dado, ele começou a identificar essa proporção nas mais variadas áreas de estudo, inclusive, no âmbito individual e pessoal das pessoas. Vou dar um exemplo prático. Quando vai começar o embarque para entrar no avião, existem algumas filas: umas enormes e outras bem pequenininhas de pessoas que entram antes dos outros. Geralmente, há uma ordem de prioridades no embarque: primeiro, entram as prioridades por lei (idosos, necessidades especiais, gestantes etc.) e logo em seguida os clientes VIP da companhia aérea. Enquanto isso, a grande maioria das pessoas está na fila comum esperando ser chamada para entrar na aeronave. Isso acontece porque essas pessoas ditas VIP representam os 20% dos clientes que geram 80% dos resultados financeiros das empresas aéreas. Por isso, as empresas têm uma série de benefícios para esses clientes, dentre eles, uma fila especial e bem pequena.

Outro exemplo: quando fui prestar concurso para a Advocacia-Geral da União, consegui passar depois de apenas seis meses de estudo – enquanto algumas pessoas que conhecia, que tinham notas bem mais altas que as minhas na universidade, levaram dois ou três anos para passar na mesma prova. Qual foi a pequena alavanca que usei como estratégia para alcançar esse resultado tão rápido? Basicamente, me dediquei a estudar com ênfase nos 20% de conteúdo que iam me gerar 80% do resultado, aqueles que mais caíam e eram o maior foco dos examinadores. Foquei no mais importante. Uma observação importante é que esses 20-80 não são uma regra rígida. Às vezes, essa proporção pode variar e ser 10-90, 22-78, 5-95. Não é um número exato e o número, em si, não é o mais importante. O que nos interessa, aqui, é a lógica: qual é a menor porção onde eu devo colocar meu esforço para gerar um resultado extraordinário?

COMO EMAGRECI 5 QUILOS COM MUDANÇAS SIMPLES DE ROTINA

A Lei de Pareto pode ser aplicada em tudo o que você quer para a sua vida: melhorar o relacionamento, juntar dinheiro, estudar para um concurso, mudar de carreira... O diferencial é descobrir e focar naqueles 20% que geram 80% do resultado. Qual é o 20% de esforço para você vencer a procrastinação? Qual é o 20% de esforço para você tirar o melhor proveito dos livros que você vai escolher e ler a partir de agora? Por exemplo, eu emagreci 5 quilos em um mês, usando, literalmente, essa estratégia. Fiz apenas pequenas mudanças na minha rotina: acrescentei um prato de salada antes de todas as minhas refeições, fazendo com que eu chegasse ao prato principal com menos apetite. Um esforço pequeno, superpossível no dia a dia, que me rendeu um resultado extraordinário: eu emagreci de forma consistente. Era uma salada variada? Não. Era alface, queijo ralado e azeite – o tipo de salada que eu gosto. Qual era o resultado? Após um prato desse de salada, eu comia menos da metade do prato principal. No jantar, muitas vezes, eu só comia a salada, pois já me sentia satisfeito. E esse hábito não é apenas uma modificação pontual na rotina para emagrecer. É algo simples que pode ser incorporado para sempre. Ou seja, uma pequena mudança para atingir um resultado extraordinário!

Sei que você deve estar se perguntando: "Mas, Geronimo, salada com queijo ralado? Por que você não aproveitou e fez uma salada colorida?". Porque eu não gosto de salada supervariada. Eu amo alface. Se eu amo alface, por que vou colocar brócolis no meu prato? Por que eu faria uma mudança tão grande tão bruscamente? Se eu tivesse optado por esse caminho, eu teria desistido, pois não aguentaria comer duas vezes por dia uma salada de que eu não gosto. Isso é o que acontece quando adotamos a estratégia 100-100. Mas, como optei pela 20-80, deu certo. Além disso, em todas as demais refeições do meu dia eu cuidava de ter o balanceamento de nutrientes para me manter saudável. Não parei de comer tudo nem me alimentava à base de salada, apenas introduzi essa entrada que fez toda a diferença!

VENCENDO O DRAGÃO POSSÍVEL

Quando criamos uma meta, é como o objetivo de uma batalha: vencer o inimigo e sair vitorioso. Uma representação bem clara que pode nos ajudar nesse processo são aquelas batalhas épicas entre o herói e o dragão. Normalmente, o herói tem uma espada, um escudo e nada mais; já o dragão é grande e solta fogo pelas ventas. O dragão aqui é representado pelos desafios para conquistar nossa meta, enquanto a espada e o escudo são nossa força de vontade e determinação para alcançar o que queremos.

O que acontece, muitas vezes, é que escolhemos batalhas maiores do que conseguimos lutar. Procuramos dragões (desafios) maiores do que nossas espadas e escudos (força de vontade e determinação) conseguem ganhar.

Por isso, precisamos lutar contra os dragões dos quais podemos ganhar. Conforme vamos nos fortalecendo, tornamo-nos capazes de lutar contra dragões maiores. Um movimento gradativo, constante e consistente. É a mesma coisa de quando comecei a me exercitar na academia. Sempre fui muito indisciplinado na minha vida até o momento em que decidi praticar para valer e tornar o exercício físico um hábito. No primeiro dia, vi aqueles fortões levantando bastante peso e fiquei animado. Quando chegou a minha vez, o professor me deu uma barra sem peso nas laterais para levantar. Até perguntei para ele: “Professor, não vai colocar peso?”. E ele respondeu que não, pois, naquele momento, eu estava fazendo o exercício para aprender o movimento. Confesso que fiquei com vergonha de levantar uma barra. Ao mesmo tempo, é um despropósito eu querer segurar, no meu primeiro dia de academia, o mesmo peso do cara que está malhando regularmente há seis meses, um ano. Ou seja, vamos brigar contra os dragões que podemos ganhar. E, de forma natural e orgânica, vamos nos fortalecendo nesse processo e encarando dragões maiores.

Outro exemplo é de um cliente em coaching meu que estava com muitos problemas no casamento. Quando conversamos pela primeira vez, ele me disse que seu casamento estava acabando e ele não sabia como resolver aquela situação. Então, conversamos e eu expliquei a ele tudo isso que estou compartilhando com você. Sabe qual ideia ele teve? A partir daquele dia, ele passou a deixar o celular no carro quando chegava em casa depois do trabalho. Ou seja, ele entrava em casa sem o aparelho. O que aconteceu? Ele passou a chegar em casa e ter uma dinâmica completamente nova com a esposa: cozinhavam juntos, conversavam, ele estava conectado com ela e prestando atenção nela. Um resultado maravilhoso: ele conseguiu reverter a situação e salvar seu casamento com uma única mudança.

Percebe como, com movimentos criativos e aparentemente simples (os 20%), podemos resolver problemas profundos e importantes na nossa vida, que nos consomem e nos tornam infelizes? Não é maravilhoso? Todos nós podemos criar soluções dentro da estratégia 20-80 e conquistar resultados extraordinários rapidamente.

Entenda que usar a estratégia 20-80 não é sobre não se esforçar ou não trabalhar, não estudar, não sair da zona de conforto. Pelo contrário. É usar esforço de maneira inteligente. É focar primordialmente nos 20% principais de esforço que vão levar você a alcançar os seus resultados mais desejados.

A mudança dos 20% pode causar, até, uma sensação de que está fácil demais. E isso é ótimo! Um passo de cada vez, você pode ir ampliando os limites e as metas da sua estratégia. E, só para lembrar, você não precisa abrir mão do seu sonho de 100%, mas depois que chegar aos 80%, você estará pertinho do 100% e, se quiser, já realizado, pode completar o restante do caminho que falta.

Preciso reforçar a importância do que acabei de dividir com você neste capítulo, pois nos últimos anos fiquei obstinado por achar as estratégias 20-80 para praticamente todas as conquistas que venho tendo. Emagreci 5 quilos em um mês, melhorei meu inglês ao nível que nunca tinha tido antes, li mais livros no último ano do que tinha lido nos outros cinco, aumentei meu capital acumulado substancialmente, e em seis meses, no meio da pandemia de 2020, consegui fazer a carteira de investimento que eu gerencio pessoalmente crescer 23,8%, mesmo durante uma das maiores quedas da Bolsa de Valores do Brasil.

E tudo isso com foco em descobrir quais são os 20% de esforço que vão me dar os 80% de resultado. Essa vai ser nossa missão a partir de agora. O mundo já está cheio de informação, o que você precisa agora é de sabedoria para descobrir quais dessas informações são realmente úteis para se tornarem os seus 20% para facilitar e encurtar o caminho para sua vida extraordinária.

Já disse que não existe certo ou errado, existe o que é adequado para você, que pode não ser para mim, então, a forma que encontrei foi me tornar um obstinado pelas oito regras mais importantes para conquistar qualquer coisa que eu queira na vida. Quando decido emagrecer, falar inglês, levar meu casamento para um próximo nível, vencer a procrastinação, ser mais produtivo, acordar com mais energia, fazer mais dinheiro com investimentos, em qualquer uma dessas situações, o tempo inteiro, estou estudando obstinadamente, mapeando e registrando quais são as oito regras mais relevantes para chegar lá em cada uma dessas áreas.

Essas oito regras fizeram tanta diferença na minha vida e na de tantos alunos que comecei a compartilhá-las dentro da Comunidade No Comando, onde todos os meses disponibilizo uma estratégia nova para alguma área da vida. É óbvio que você não precisa se tornar um membro da comunidade, quase tudo que disponibilizo lá está nas dezenas de livros e cursos que faço e cada um pode achar seu caminho por conta própria. Agora, se você quiser ir direto aos 20% que mais geraram resultado para mim, quero lhe dar um presente que vale mais do que o valor que você investiu neste próprio livro: um mês de acesso ilimitado como membro à plataforma.[9]

O que você precisa fazer? Aponte a câmera de seu celular para o **QR Code** ao lado ou simplesmente acesse **www.livronocomando.com.br**, para receber seu presente. Espero que você goste, aproveite e evolua plenamente com ele. Depois que tiver reivindicado seu presente, faça o exercício abaixo para darmos sequência ao processo de evolução. De qualquer forma, nos capítulos seguintes, vou conectar todo esse conhecimento que vimos até aqui com os demais elementos do nosso Plano de Batalha. Por agora, apenas siga!

9 Promoção válida para novos assinantes.

Quando criamos uma meta, é como o objetivo de uma batalha: vencer o inimigo e sair vitorioso.

EXERCÍCIO

Neste momento, pare por um instante e observe o seguinte: quais foram as metas não cumpridas na sua vida que ainda fazem sentido alcançar e que você talvez tenha estabelecido como 100%, mas que, se tivesse atingido 80%, já seria totalmente suficiente? Anote abaixo pelo menos três metas que você estabeleceu altas demais e que, talvez se fossem um pouco mais adequadas, é possível que você tivesse realizado:

METAS ESTABELECIDAS NO MODELO 100-100	COMO EU ESTABELECERIA NO MODELO 20-80
1.	
2.	
3.	

OBS.: Lembre-se de que não estou propondo que você abra mão dos seus maiores sonhos, mas, sim, que você conquiste algo que seja extraordinário agora e, depois, se ainda quiser ir além, você completa os 20% finais.

CAPÍTULO 7

A EVOLUÇÃO É MAIS RÁPIDA QUANDO VOCÊ DOMINA A LÓGICA DO CÉREBRO

Estamos nos preparando para a batalha de não ter uma vida medíocre e, ao mesmo tempo, criar uma vida extraordinária. Eu queria dar a notícia de que tudo será fácil, mas não será. Porém, é possível vencer e provavelmente não será um processo tão demorado quanto você imagina. Lembrando que essa é uma batalha que acontece dentro de nós, para assumirmos a responsabilidade de vencer o sistema, quebrando os padrões que procuram nos transformar em rebanho.

Você já entendeu, também, o poder que tem o Ciclo da Realidade na sua vida, que pode ser um impulsionador para os seus sonhos ou um dos maiores limitadores, dependendo da forma como você vê e cria o seu mundo. E, por último, começamos a colocar o Plano de Batalha para funcionar. No capítulo anterior, conversamos sobre o primeiro elemento do Plano de Batalha, que é a escolha da estratégia correta para obter os resultados que desejamos. Você entendeu que a estratégia 100-100 pode ter sido uma causadora de diversas derrotas na sua vida e que a estratégia 20-80, baseada na Lei de Pareto, é a melhor escolha.

Agora, nada disso terá valor se não houver movimento, se não for associado à prática de ações específicas e direcionadas, das quais vamos falar neste capítulo. Estratégia sem ação é igual celular sem bateria, não serve para quase nada. Você até pode usar para alguma coisa, mas, provavelmente, não para a finalidade mais importante, para a qual ele foi criado: ligar para alguém, usar aplicativos, tirar fotos. Portanto, você pode ter a estratégia 20-80 consolidada dentro de você, mas se não colocá-la em prática – em ação – não vai servir para nada.

A evolução pessoal ou profissional pode ser comparada à respiração, você precisa inspirar conhecimento e expirar prática. Para aprender a ter novos resultados, você vai ter que praticar, não tem para onde fugir. Porém, incorporar um novo hábito e uma nova ação no dia a dia não é tão simples assim, eu sei.

MAS, GERONIMO, EU JÁ TENTEI MUDAR E NÃO CONSEGUI!

Eu sei. Quando algo nos incomoda o suficiente para não querermos mais aquela situação, a gente se coloca em movimento e tenta mudar, e muitas vezes (muitas mesmo) acaba voltando para a mesma frustração anterior, ou pior, causando uma nova. Vou usar a neurociência[10] para explicar isso para você de uma maneira simples e direta. Nosso cérebro pesa cerca de 1,4 quilo (tomando como referência um adulto de 70 quilos), só que, apesar de representar tão pouco da nossa massa total, ele consome 20% ou mais de toda a nossa energia no dia a dia. Nessa direção, olha o que acontece quando apren-

10 Obviamente, se você for um neurocientista, pode achar simplista essa explicação, mas é exatamente essa a intenção. O propósito aqui é que qualquer pessoa, com ou sem conhecimento de neurociência, consiga compreender o mais relevante do conceito.

demos alguma coisa nova: se você pudesse medir sua atividade cerebral, veria que existe uma alta intensidade na frequência dela quando se está em um processo de aprendizado. Algo como este desenho que fiz a seguir:

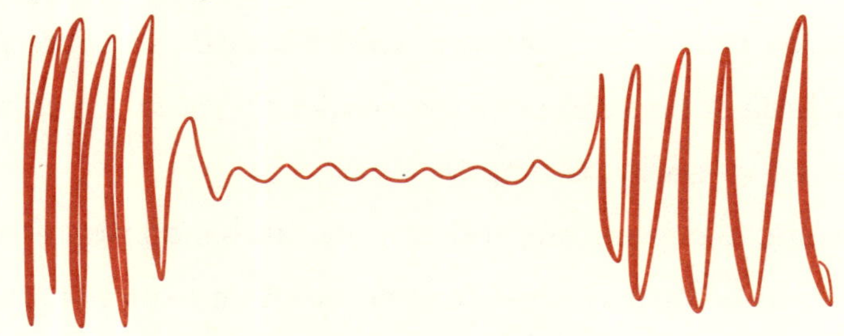

A ponta com intensidade, cheia de atividade, representaria os momentos em que estamos tentando aprender algo novo ou mudar um hábito antigo que não nos serve mais, ou seja, o cérebro precisa de muita energia concentrada para colocar em prática o que queremos mudar na nossa vida. Assim, pode se tornar algo extremamente cansativo. Por isso que nosso cérebro procura de maneira inteligente transformar tudo em hábito, em rotina, que é aquela parte do meio do desenho com muito menos atividade e muito menos consumo de energia. Nosso cérebro é focado em poupar energia onde pode.

O cérebro aprende com as nossas rotinas, buscando transformar as tarefas que executamos em algo automático, de forma que possamos fazer quase sem pensar. Assim, quando tentamos incorporar algum hábito novo é como se estivéssemos aprendendo algo que não dominamos e a atividade volta a ter alta frequência e alto consumo de energia. Porque é isso que fazemos: oscilamos entre tentar criar novos hábitos e voltar para os hábitos antigos. Claro que é só um desenho demonstrativo, mas ilustra muito bem o que acontece com nosso cérebro sempre que estamos tentando mudar alguma coisa.

Por exemplo, quando alguém está aprendendo a dirigir, o cérebro fica em alta atividade: liga o carro, pisa na embreagem, engata a marcha, tira o pé da embreagem enquanto vai acelerando aos poucos, passa para a segunda, olha o retrovisor, dá a seta... é muita coisa. Essa fase de aprendizado na direção exige muito do cérebro, que está em alta atividade e consumo de energia. Praticamente nada é feito no automático (as vezes até respirar, nesse momento, parece necessitar de comando – claro que aqui estou exagerando). Mas, depois que ele se adapta àquela atividade e a transforma em hábito, tudo entra no piloto automático e gastamos quase nenhuma energia para isso, ou você ainda conta quantas vezes pisa na embreagem, no freio e no acelerador quando dirige de casa para o trabalho?

O fato é que o nosso cérebro está sempre em busca de uma maneira de gastar menos energia. Por isso, acaba transformando tudo em hábito. O ruim disso é que sempre que queremos mudar algo que já se tornou um hábito antigo, passamos pelo desafio do cérebro insistir que voltemos ao hábito anterior, ao qual já se acostumou tanto. É por isso que ao tentar estabelecer uma nova rotina é tão difícil, o cérebro sempre tenta voltar ao padrão antigo, ao que faz no automático. É exatamente por isso que precisamos de uma boa estratégia para sair dessa armadilha.

A ideia é que, com a prática, a gente caminhe para transformar algo que hoje é um esforço – porque é uma meta nova e precisa de novos hábitos, pois os anteriores ainda não permitiram a você chegar lá – em algo automático na nossa rotina. É assim que o sucesso vem. Então, em vez de eu passar a vida lutando contra a procrastinação para conseguir ler um livro, muito melhor que eu transforme a leitura em hábito e leia por prazer. Em vez de passar a vida lutando contra o peso, muito melhor que eu me torne uma pessoa que tenha hábito saudável e naturalmente faça escolhas saudáveis por prazer e sem esforço. Basicamente é essa a lógica da prática adequada, focando nos 20% do esforço. Sei que isso pode até parecer um sonho, acabar com o esforço para mudar de vida, mas é real e possível de ser alcançado.

O CÉREBRO E O GOOGLE CHROME

Nosso cérebro usa uma estratégia muito parecida como a do Google Chrome. Quando nós usamos o navegador do Google, por exemplo, digitando a letra G, ele vai automaticamente nos dar uma sugestão para completar com sites que normalmente buscamos e que começam com a letra G. Talvez mostre o próprio Google, talvez mostre o portal de notícia G1, ou alguma outra palavra. Por exemplo, eu gosto muito do site de Harvard, então quando eu escrevo o H ele já preenche com o site da Harvard Health Publishing. Fui claro? Ele vai tentar antecipar a sua decisão mostrando os sites em que entra frequentemente. Nosso cérebro é igualzinho.

Digamos que você acorde e a primeira coisa que faz, como padrão, seja pegar seu celular ao lado da cama, onde ele passou a noite. Esse é o seu hábito, seu padrão, é a ação para a qual seu cérebro não consome quase energia nenhuma nem precisa de força de vontade para realizar, é automático. Então, um belo dia, você decide mudar: "Agora vou acordar e trocar o hábito de pegar o celular por uma leitura assim que abrir os olhos, para depois tomar banho, comer alguma coisa, me arrumar e ir ao trabalho, só mexendo no celular uma hora depois". Por mais que você já tenha estabelecido isso e esteja determinado a fazer, o que vai acontecer com essa sua nova meta, caso não tenha uma boa estratégia?

O seu cérebro vai tentar economizar energia e voltar ao estado com o qual ele está acostumado: acordar, esticar o braço para a mesinha de cabeceira (ou onde você deixa seu celular) e ir direto pegar o aparelho. Esse é o padrão estabelecido e o cérebro quer ajudá-lo a poupar energia, como o Google Chrome tentando completar o termo que buscará. E o pior, depois de pegar o celular a tendência é que você siga no piloto automático: coloque a senha ou faça reconhecimento facial, em seguida abra o aplicativo que mais usa (redes sociais ou algum de mensagens) e passe minutos ou horas preciosas do seu dia ali, naquele padrão de quem não está no comando da sua vida. De acordo com um estudo realizado pela Universidade de Duke, na Carolina do Norte, e mencionado no livro *O poder do hábito*, a neurociência mostra que em 40% ou mais do nosso dia estamos em completo modo automático. Só para pensarmos alguns exemplos juntos, não conheço ninguém que escova os dentes e se pergunta todos os dias "por qual dente eu começo?", simplesmente repete um padrão. O mesmo vale quando tomamos banho, pagamos a conta do restaurante a quilo na hora do almoço, sentamos para trabalhar e por aí vai, tudo no automático.

Por isso é fundamental que você entenda que seus resultados não são decorrentes do que se faz na exceção, seus resultados, os meus e os de todo mundo são a colheita do que fazemos como padrão nas nossas rotinas. Por isso que uma das maiores verdades que aprendi ao longo de anos evoluindo e ajudando milhares de pessoas a serem tudo aquilo que nasceram para ser é que rotinas extraordinárias geram resultados extraordinários, rotinas de merda geram resultados de merda, e se ler isso doeu, fico mais feliz ainda, meu objetivo aqui não é dar tapinha nas suas costas, é ajudar você a ser tudo aquilo que pode ser. Por isso que você precisa de uma estratégia adequada com as ações certas para realizar qualquer mudança na sua vida, do contrário tenderá a retornar ao estado natural de poupar energia, retornando ao velho padrão. Isso gera insatisfação, frustração, dor e aqueles pensamentos que acabam voltando: "Tá vendo que eu não consigo mesmo", "Isso não é para mim".

Talvez, agora, tenha ficado mais claro ainda porque o modelo 100-100 não vai ajudar você. Sua força de vontade é finita, ela acaba; seu cérebro vai lutar para permanecer onde está, para poupar energia, e 40% do seu dia é mero piloto automático. Ou seja, é uma batalha injusta. Por isso que o modelo 20-80 foca no menor esforço para gerar a maior mudança possível, ele é adequado à nossa natureza humana. Depois que o seu pequeno esforço direcionado vira um hábito, é simples colocar outro.

Vamos começar a falar disso. Se você quer começar a ler mais, a estratégia não é colocar como meta ler durante uma hora ou trinta páginas por dia. Seu grande foco precisa ser se tornar um leitor. Se você incorporar a leitura no seu dia a dia (já, já eu explico como), independentemente do tempo e da quantidade, ela se tornará um hábito (seu cérebro vai entender, em algum momento, que você está fazendo algo que faz sempre, pois não é um novo aprendizado e, por isso, ele registrará como novo hábito, vai incorporar ao seu piloto automático e gastará menos energia). Depois é só ir aos poucos aumentando a quantidade de leitura diária. Não é importante, neste primeiro momento, se você começa lendo um parágrafo ou uma página. O que importa é fazê-lo todo dia, até seu cérebro entender que é um hábito.

Outro exemplo é o da salada: em vez de focar em emagrecer 5 quilos, criei uma estratégia 20-80 (uma rotina extraordinária) que também se tornou um hábito até hoje. Depois de uns dias, se tornou natural comer um prato de salada antes de cada refeição. Criei um mundo onde eu sou uma pessoa saudável e, naturalmente, como melhor. Perceba, também, que, ao virar um hábito natural, no que se refere a sua meta, é muito mais simples atingi-la e mantê-la. A manutenção é muito importante também, pois é a partir dela que surge a criação do hábito. E, se eu consigo criar o hábito, posso ousar com novos hábitos dando passos adiante. Nesse círculo virtuoso, vou ficando mais forte, determinado e autoconfiante e vou alargando minha rotina extraordinária, dando um passo de cada vez, dentro das minhas possibilidades e demandas, mas virando um guerreiro cada vez mais forte, que vence batalhas cada vez maiores.

A CHAVE DO SUCESSO

Nosso próximo objetivo é entender a mudança que precisa ser feita, que tenha o menor esforço (20-80), que seja um dragão do tamanho que você possa vencer, para gerar 80% do resultado que você quer. Para acharmos essa pequena alavanca que tem potencial de fazer você alcançar seus maiores sonhos, preciso trazer um conceito disruptivo que li no livro *O poder do hábito*, de Charles Duhigg.

Existe um tipo específico de hábito que podemos estabelecer em nossa vida, que sozinho não geraria nenhum resultado relevante, mas tem o poder de deflagrar outros menores que, em conjunto, são capazes de gerar mudanças significativas. É algo pequeno, bem pequeno e simples, que você insere na sua rotina. Num primeiro momento, pode até parecer que não vai dar em nada, não vai gerar nenhum benefício concreto, mas tem alto potencial de gerar incríveis resultados depois. Esse hábito é chamado por Duhigg de "hábito angular".

Em 2020, fiz uma pequena mudança no que se refere ao meu ritual de leitura. No meio do ano, eu já tinha lido mais que o dobro de páginas do ano anterior, e olha que ainda era julho e no meio de uma pandemia que me fez trabalhar muito mais do que em 2019. Qual a mudança? Um único hábito angular. Passei a andar com o livro que estava lendo debaixo do braço para todos os lugares. Não li como maluco, nem devorei livros e mais livros, só estava com o livro que escolhi em todos os lugares. Enquanto estava na fila de um restaurante no shopping, levava um livro embaixo do braço e, enquanto esperava, aproveitava para ler duas ou três páginas. Quando vou dormir, deixo o livro na cabeceira para, ao acordar, conseguir pegá-lo no piloto automático e ler alguma coisa. Se perder o sono, leio de noite, avanço no livro e não me desperto com redes sociais. Durante o dia, deixo-o sempre próximo para aproveitar alguma pausa ou intervalo. Essa pequena mudança me fez ler em seis meses mais que o dobro de todo o ano anterior.

O objetivo é encontrar um hábito angular que leve você na direção do que quer para a sua vida. Um exemplo que eu gosto muito: uma aluna minha queria ser o tipo de pessoa que malha e estabeleceu o hábito de colocar o tênis logo que saía da cama. E, por decidir que iria colocar o tênis pela manhã, resolveu que era ela quem iria comprar pão, porque já estava de tênis. Começou a andar e comprar o pão. Então, decidiu que em vez de só comprar o pão, ela também ia dar uma volta na quadra. Então, ela dava uma volta na quadra, comprava o pão e voltava para casa. Perceba como o fato de colocar um tênis estabeleceu nela um hábito angular.

A chave para que essa prática funcione tão bem é que estabeleço a minha meta e crio um pequeno desafio diário, de preferência, que eu possa ganhar todos os dias. Aquele desafio por si só não vai gerar o resultado esperado, não vai me fazer realizar o que planejo, mas vai deflagar outras atitudes que, essas sim, em conjunto, vão me levar a assumir o comando da minha vida, realizar minhas metas e sonhos e ser tudo aquilo que eu posso ser.

Tem outro elemento extremamente relevante que preciso dividir com você neste momento, cada vez que você cumpre seu hábito angular, nosso corpo libera uma pequena descarga de dopamina, que é um neurotransmissor diretamente ligado ao prazer e bem-estar. Não vamos entrar a fundo nisso aqui, não é o objetivo, mas acredite, quanto mais você realiza, mais dopamina você tem e quanto mais dopamina tem, mais quer realizar. Por isso é importante que seu hábito angular seja pequeno e realizável todos os dias.

Creio que você já entendeu o poder da estratégia 20-80 e a lei da prática (do hábito angular). Elas podem ser absurdamente transformadoras em qualquer esfera da sua vida: pessoal, profissional, corporal etc. Mudanças simples, criativas e completamente possíveis de serem realizadas no dia a dia. Vou dar alguns exemplos que podem ser úteis do que pode fazer para alcançar seus objetivos a partir de uma única mudança, de um único novo hábito angular.

META	EXEMPLOS DE HÁBITOS ANGULARES
Crescer profissionalmente.	• Chegar 10 minutos antes de todo compromisso profissional que existir (reuniões, horário de entrada na empresa etc.).
Sair das dívidas.	• Deixar o cartão de crédito em casa quando for ao shopping; • Anotar diariamente as despesas que fizer num caderninho.
Melhorar o *networking*.	• Mandar uma mensagem por dia para alguém perguntando se tem algo que você possa fazer para ajudar.
Emagrecer.	• Comer um prato de salada antes das refeições principais; • Anotar tudo o que come.
Ter hábitos mais saudáveis pela manhã.	• Só pegar no celular uma hora depois que acordar (se precisar, compre um despertador genérico para não ter que usar o celular para isso); • Ler durante 15 minutos ao abrir os olhos quando acordar.

Perceba [...] que, ao virar um hábito natural, no que se refere a sua meta, é muito mais simples atingi-la e mantê-la.

Ser mais saudável.	• Comprometer-se a nunca pegar elevador quando tiver de subir ou descer até 2 andares de escada (caso possa); • Tomar café sem açúcar; • Não adicionar açúcar em bebidas; • Ter uma garrafa de água ao seu lado em todo momento do dia.
Melhorar o casamento.	• Determinar um horário para não pegar mais no celular (21h é uma boa escolha); • Tomar café da manhã juntos; • Ir para cama no mesmo horário.
Ser mais feliz.	• Fazer o exercício de anotar num caderno três gratidões que teve a cada dia (fazer isso todas as noites); • Acessar sites de notícias no máximo uma vez ao dia.
Juntar seu primeiro milhão (caso ainda não seja um investidor).	• Guardar num envelope o valor correspondente a cada bebida que você deixar de tomar no seu almoço na rua. No final do mês, transfira para um investimento; • Guardar 1 real por dia, literalmente pegar e colocar em algum lugar. No final do mês coloque num investimento.

Dois pontos são muito importantes aqui. O primeiro é que eu poderia ficar dando ideias de hábitos angulares até o final do livro, mas o meu objetivo era que você pegasse o conceito e acredito que isso você já fez! O segundo é que é óbvio que, como já disse antes, o hábito angular por si só não resolve a vida de ninguém, mas deflagra outras atitudes que, essas sim, vão fazer diferença. Então, não pense que com 1 real você chegará a 1 milhão, provavelmente não. Mas por juntar 1 real todos os dias, a pessoa se interessa por investimento, ao chegar a 100 reais guardados já consegue fazer alguns tipos de investimentos que nunca fez, logo começa a estudar, em seguida, percebe o valor crescendo e o poder dos juros compostos e começa a juntar 2 reais por dia, até que finalmente todos os hábitos juntos transformam a pessoa milionária. A mesma lógica vale para todos os demais hábitos que sugeri.

POR ONDE COMEÇAR A MUDANÇA?

Talvez não exista apenas uma única coisa que você queira mudar na sua vida, talvez existam algumas e isso é outro fator que impede muita gente de ter uma vida extraordinária. Nossa energia e força de vontade são finitas, já falamos disso, e focar em muitas coisas ao mesmo tempo pode ser justamente o que impede seu sucesso. O ideal é ir trabalhando com uma meta relevante por vez. Vamos definir isso juntos no exercício que vou conduzir você logo em seguida.

Quero que pegue uma caneta e dê uma nota de 0 a 10 de como está sua vida neste exato momento para cada uma das oito áreas que estou listando abaixo, sendo 0 o pior cenário e 10 o melhor. Temos duas regras simples para este exercício. A primeira é que não estou querendo saber o que os outros acham de você, mas o quanto você se sente realizado ou realizada nessa determinada área. A segunda é que marque a primeira nota que vier na sua cabeça, não pense demais, normalmente a primeira opção é a que vale, em seguida tende a entrar a voz do nosso sabotador interno que costuma querer nos convencer a mudar. Então vamos lá, seguem as áreas que quero que você analise. Qual nota você dá para cada uma delas?

Nota:

- [ ] **Área 1** Vida pessoal / Lazer / Viagem / Hobby;
- [ ] **Área 2** Vida profissional / Trabalho / Negócios;
- [ ] **Área 3** Desenvolvimento pessoal (novos aprendizados, evolução como pessoa, cursos);
- [ ] **Área 4** Espiritualidade / Social (o quanto você se sente devolvendo à sociedade por meio de projetos sociais, tempo, doações e quanto você se sente conectado com um Ser Superior);
- [ ] **Área 5** Relacionamentos (amigos e família, neste momento não estou perguntando de relacionamento amoroso, que será logo o próximo);
- [ ] **Área 6** Relacionamento amoroso – se não tiver um, você está bem-resolvido ou bem-resolvida quanto a isso? Se sim, tende a 10, se não, tende a 0, qual o seu caso?
- [ ] **Área 7** Financeiro / Patrimônio;
- [ ] **Área 8** Saúde / Bem-Estar.

Após realizar o exercício acima, agora vem a grande pergunta. Não estou necessariamente interessado na sua pior nota, o que quero saber é: qual a área acima, independentemente da nota que você deu para ela, que se você der um pouco mais de foco vai conseguir alavancar sua vida como um todo?

ANOTE AQUI A ÁREA: ______________________________

Dentro dessa área, o que você gostaria de ser, fazer ou ter que ainda não é, não faz ou não tem?

COLOQUE AQUI O SEU SONHO: ______________________________

____

Considerando o seu sonho, que pequena ação você poderia assumir como prática diária a partir de agora que seja simples e que você realmente faça todos os dias? Lembre-se de que estou em busca de uma prática simples. Malhar 1 hora por dia é muito, economizar 20% do salário, para muitas pessoas, nem se fala. Quero que escolha uma batalha contra um dragão pequeno do qual consiga ganhar como você mata um mosquito de manhã (embora, acredite ou não, eu normalmente não mato, pego com a mão e jogo pela janela).

O sucesso está em transformar a ação em hábito. Por exemplo, quer ler mais? Comece com 10 minutos de leitura, ou até menos, como a primeira atividade do seu dia. Quer malhar mais? Comece com 10 minutos de caminhada ou subindo as escadas do seu prédio em vez de pegar elevador (lembre-se de sempre de consultar um médico para atividades físicas e alimentação). Quer emagrecer? Defina que vai comer uma salada antes de qualquer refeição, assim você diminui a fome antes do prato principal. Sua vitória começa pequena, de maneira clara e objetiva. Em seguida, você vai ficando mais forte e poderá enfrentar dragões maiores.

Escreva a seguir qual será seu **HÁBITO ANGULAR**: ___________

____

Provavelmente você já se comprometeu com uma meta nova e a largou. Eu também já fiz isso muitas e muitas vezes ao longo da minha vida. Mas, a partir de agora, quero que você vire essa chave, que assuma o COMANDO da sua vida. E, em vez de dizer "mais uma vez...", diga em alto e bom som: "É desta vez!". Estabeleça e coloque a sua pequena vitória em prática exatamente agora. Não vá adiante antes de estabelecê-la, o mundo não é dos que falam, o mundo é dos que fazem. É esse o caminho para assumir cada vez mais o comando para a vida que você quer.

CAPÍTULO 8

O QUE A MAIORIA DAS PESSOAS DESCONHECE, MAS FAZ TODA A DIFERENÇA NUMA ESTRATÉGIA DE MUDANÇA DE VIDA

Já conversamos sobre o fato de não existir sucesso nem fracasso, nem certo nem errado, o que existe é uma sequência de resultados. A questão é que algumas pessoas têm os resultados que desejam e outras, não. Algumas atingem resultados extraordinários e outras, resultados medíocres. Uma questão relevante é: por que algumas conseguem e outras não? Como já falamos ao longo deste livro, o resultado é uma consequência direta da estratégia adotada diante de cada situação.

Se queremos ter resultados diferentes dos que temos hoje, precisamos usar estratégias diferentes das que temos usado. Aprendemos também o Ciclo da Realidade, que é a forma como se vê o mundo e que, consequentemente, o leva a ser quem você é. Quem você é determina o que você faz e, consequentemente, o que tem. Lembra-se disso?

Também expliquei que uma das grandes barreiras para a mudança é o fato de que o nosso cérebro, embora pese apenas 1,4 quilo, demanda 20% ou mais de toda a energia que gastamos no nosso dia. Por isso, instintivamente, ele está sempre buscando formas de automatizar nossas ações para poupar energia. Sempre

O resultado é uma consequência direta da estratégia adotada diante de cada situação.

que tentamos mudar um hábito, isso demanda mais energia do que permanecer onde estamos, então, o cérebro vai trabalhar para manter a rotina antiga, aquela que ele já faz no piloto automático.

O grande problema disso é que, normalmente, a maioria das pessoas e, provavelmente você, até hoje, tenta seguir algum plano que quer muito realizar e, por causa da estratégia errada, o cérebro acaba retomando o hábito anterior. A melhor maneira de lidar com isso é por meio da estratégia 20-80, baseada na Lei de Pareto, e do poder do hábito angular. Ou seja, um único hábito simples, de preferência diário, que é capaz de deflagrar outras diversas pequenas mudanças em sua vida, e todas elas em conjunto têm o poder de gerar resultados extraordinários, muito maiores do que o pequeno hábito que você instalou facilmente na sua rotina.

Citei, no capítulo anterior, como o nosso cérebro funciona quando estamos aprendendo a dirigir. Você precisou de **estratégia** para poder tirar o carro do lugar de forma controlada. E esse é o primeiro pilar que preciso enfatizar aqui. Para alcançarmos qualquer coisa que queremos na nossa vida, precisamos de conhecimento, que é representado pela estratégia necessária para se fazer algo. Se você olhar de perto, existe uma estratégia para dirigir. Se pisar no acelerador sem ligar o carro, nada vai acontecer. Agora, só a estratégia também não se basta. Por isso, além dela, você precisa de **prática**. Até porque não existe botão mágico. De alguma forma, aquilo que você aprende precisa ser colocado em ação. Caso contrário, não existe nenhum resultado.

Agora, existe ainda um terceiro pilar, que a maioria das pessoas desconhece, mas que faz toda a diferença nessa estratégia de mudança de vida, que é a **filosofia de vida adequada para assumir o comando da sua história**. Na prática, a filosofia de vida funciona como princípios que guiam as nossas decisões.

Olha, não sei se você já parou para fazer as contas de quantas decisões tomamos no dia a dia, mas podem, literalmente, chegar a milhares delas todos os dias, algumas mais difíceis e outras muito simples, mas todas são decisões. Desde a hora de abrir os olhos até dormir. Decidimos o tempo todo. Por exemplo, um estudo da Universidade de Cornell demonstrou que só sobre alimentação tomamos mais de 200 decisões por dia, e a maioria delas no completo piloto automático.

E, como eu disse agora há pouco, nosso cérebro está sempre em busca de maneiras de poupar energia para essas decisões, seguindo hábitos e rituais anteriores. Só que isso não é uma estratégia adequada para assumir o comando da sua vida e ser tudo aquilo que pode ser. É uma estratégia passiva, de comando não consciente, que raramente nos leva para onde queremos ir, e apenas repete um padrão anterior. Quando você define sua vida por uma filosofia baseada em princípios, o que ganha é que as decisões ficam muito mais simples de serem tomadas, pois estarão embasadas na filosofia de vida que você escolheu para seguir.

DECIDIR CANSA

Há várias evidências científicas de que temos um banco de decisões finito e limitado na nossa cabeça. Uma pesquisa realizada pelas universidades Ben-Gurion, em Israel, e Stanford, nos Estados Unidos, conseguiu comprovar a chamada "fadiga de decisão". O estudo examinou mais de 1.100 decisões de juízes israelenses sobre conceder ou não um benefício que estava sendo pedido. As decisões tomadas por volta das 9h da manhã eram, em 70% dos casos, pela concessão do benefício. Mas essa proporção caiu muito para as decisões tomadas no fim do dia. No meio da tarde, apenas 10% dos juízes optavam pelo benefício. Segundo a pesquisa, essa mudança na quantidade de decisões a favor no início da manhã e no fim tarde se deve à fadiga de decisão dos juízes. O cansaço levaria os juízes a optarem pelo caminho mais fácil – no caso, negar o pedido.

É claro que o estudo foi feito com profissionais que passam o dia tomando decisões que geram consequências importantes na vida das outras pessoas, o que gera um estresse grande para eles. Mas, de um modo geral, não somos todos assim? Por isso, alguns executivos importantes optam por criar uma rotina que limita a tomada de decisão sempre que possível. Como se eles reservassem espaço para as decisões importantes – ou seja, quando tiverem que tomar decisões importantes, eles estarão descansados o suficiente para tomá-las da melhor forma possível.

Por exemplo, Mark Zuckerberg, um dos fundadores do Facebook: é fácil de observar que ele está sempre com o mesmo o padrão de roupa, já reparou? Steve Jobs também estava sempre com camisetas pretas e jeans. Qual o resultado? Eles começam o dia com algumas decisões já tomadas. Não é necessário gastar tempo e energia decidindo que roupa vestir a cada dia. Imagine esses dias em que você acorda e troca de roupas três ou quatro vezes até decidir por qual quer, claro que isso não é rotina, mas já deve ter acontecido com você de não achar a roupa certa para determinado dia. Essa indecisão, logo cedo, já consome uma energia preciosa de nosso poder de decisão. Como se já começássemos o dia cansados... afinal, decidir cansa, e estou dizendo isso literalmente.

FOCO NO QUE REALMENTE IMPORTA

Uma solução que aprendi na minha vida e passei a compartilhar com os membros da Comunidade No Comando e vou começar a fazer com você aqui neste livro é estabelecer princípios que guiam a minha vida. Princípios são regras que norteiam toda uma cadeia de decisões, facilitando que, mesmo que eu faça isso no piloto automático, o que eu decida seja na direção da vida extraordinária que estabeleci para mim. Já, já vou dar exemplos e vai ficar muito claro para você.

É a mesma lógica sobre diminuir a quantidade de decisões para conseguirmos decidir melhor. Se eu tenho os princípios que me guiam, ou seja, semelhante ao processo de saber que uso camiseta preta todos os dias, logo, não é mais meu foco de preocupação escolher qual roupa vestirei pela manhã. Basta eu ser coerente com os princípios que escolhi para a minha vida.

Por exemplo, decidi viver uma vida pelo princípio do reducionismo: uma vida no meio-termo, sem estar nos extremos do tudo ou nada. Por isso, não vivo como antes, numa época em que eu era muito consumista, comprava muita roupa, entupia as gavetas e, quando não cabia mais roupa no armário, doava peças ainda com etiqueta. Mas também não vivo uma vida dentro da filosofia minimalista, que segue um desapego maior do que eu gostaria de lidar. Eu me encontrei no reducionismo, porque acredito no caminho do meio. Hoje, reduzo o exagero em tudo que posso na vida. Não tenho apenas cinco camisetas, mas também não tenho mais camisas com etiqueta porque nunca usei. A escolha por viver dessa forma já me norteia e facilita tomar decisões no dia a dia.

Outra prática que adotamos em casa, depois de incorporar a filosofia reducionista, foi parar de comer carne às segundas-feiras. Embora eu seja vegetariano há anos, minha família não é, mas, com essa medida reducionista, significa que a gente não vai comer carne 52 dias no ano e que nós, enquanto família, reduzimos o consumo de carne em 15%. Dessa forma, contribuímos para diminuir nosso impacto no aquecimento global e sofrimento animal, por exemplo.

A partir do momento em que você adota uma filosofia, um estilo de vida com base em certos princípios, estes vão guiá-lo na direção do que você quer para a sua vida, de uma forma mais simples, direta e com muito mais possibilidade de dar certo.

TRÊS PRINCÍPIOS FUNDAMENTAIS DA COMUNIDADE NO COMANDO

#1 – PRIMEIRO PRINCÍPIO

Era uma Sexta-feira Santa e estávamos reunidos em família, quando decidimos jogar *frisbee* na praia. Nós morávamos pertinho da praia, então, em cinco minutos, já estávamos na areia. Eu e o João corremos para um lado. A Paty e a Carol foram para um espaço com barras de exercício, pois a Carol queria mostrar para a mãe um movimento novo, que tinha aprendido na aula de ginástica olímpica. De repente, eu e o João ouvimos um grito de desespero, muito alto, mas nem imaginávamos o que estava acontecendo. Logo em seguida, vi a Paty com a Carol nos braços a uns 20 metros de distância. Minha filha tinha caído da barra de cabeça para baixo e, para não bater com o rosto no chão, colocou o braço como proteção. Mas o braço dobrou e virou para trás, causando uma fratura muito séria de úmero, o osso do braço que fica entre o cotovelo e o ombro. De longe eu já via que o braço dela estava completamente torto, fora do lugar, como se estivesse solto. Eu ainda não sabia da gravidade, mas já estava claro que tínhamos que ir para o hospital imediatamente.

Naquele momento, várias pessoas ao nosso redor pararam para olhar, algumas ofereceram ajuda. Todos estávamos sujos de areia, no meio da praia, sem carro. Não tinha a menor possibilidade de andarmos até em casa para tomar banho e ir para o hospital, com a Paty muito assustada e a Carol aos berros de dor no seu colo. Olhei nos olhos dela e disse: "Você vai para o hospital com esse casal". Dei o nome do hospital a ela e continuei: "Enquanto isso, eu vou para casa deixar o João com a minha mãe, pegar a carteirinha do plano de saúde e encontro vocês lá o quanto antes". Tudo isso aconteceu muito rapidamente. Em pouco tempo, estávamos todos no hospital, com a Carol já medicada para dor.

Carol passou por uma cirurgia de urgência que demorou cerca de três horas. Deu tudo certo no fim, graças a Deus, e ela saiu do hospital depois de três dias internada, com dois pinos e mais de vinte pontos no local da cirurgia.[11]

Por que estou contando essa história para você? Pois, numa situação como essa, você vai ter que escolher onde vai colocar seu foco: no problema ou na solução. Muitas pessoas poderiam perguntar: como ela caiu? Como ela quebrou o braço? Mas você não cuidou dela direito? Como você deixou ela cair e se machucar desse jeito? Elas focam no problema e, dependendo da situação, agravam ainda mais o momento. Mas não importa quão grave é, desenvolvi o princípio de ter FOCO NA SOLUÇÃO, sempre. Esse é o primeiro princípio.

Agora, tem algo que é importante: não adianta deixar para focar na solução só em situações graves e desafiadoras. Precisamos viver por esse princípio e treinar nosso cérebro a todo momento, nas pequenas coisas do dia a dia, começando com episódios pequenos e aparentemente corriqueiros. (Lembre-se: o cérebro sempre tenta gastar menos energia, por isso, precisamos treiná-lo para que o princípio se transforme em rotina.)

O princípio do FOCO NA SOLUÇÃO é baseado em duas simples perguntas: como posso resolver isso? E qual o próximo passo?

Situações simples do dia a dia são ótimas para treinar esse princípio. Darei exemplos abaixo para ficar mais claro, e talvez você visualize quantas pessoas conhece que têm o foco no problema e, não impossível, talvez se identifique com situações que seu próprio foco foi para o problema.

---

11 Obrigado ao dr. Roger Bongestab pela indicação da equipe do dr. Campinhos e do dr. Elton, que cuidaram da Carol com um carinho difícil de descrever. Jamais esquecerei tanto cuidado. Parabéns por ocuparem seu lugar no mundo.

A partir do momento em que você adota uma filosofia, um estilo de vida com base em certos princípios, estes vão guiá-lo na direção do que você quer para a sua vida, de uma forma mais simples, direta e com muito mais possibilidade de dar certo.

SITUAÇÃO	FOCO NO PROBLEMA	FOCO NA SOLUÇÃO
Furou o pneu do carro.	• Essas coisas só acontecem comigo; • Logo hoje; • Não acredito; • Vou ficar todo suado.	• Ok, o pneu furou, quanto mais rápido trocar mais rápido meu dia volta ao eixo; • Ok, vou pedir um táxi e de noite eu troco esse pneu.
O médico está atrasado nas consultas.	• Reclama em voz alta que médico é tudo igual; • Reclama com a recepcionista (como se fosse resolver algo); • Incita as pessoas ao redor a reclamar.	• Pega um livro e aproveita para ler; • Manda mensagem para o trabalho avisando que atrasará um pouco, mas que compensa depois; • Aproveita para responder mensagens importantes; • Troca de médico.
Voo cancelado por más condições do tempo.	• Faz stories dizendo que a companhia aérea é uma droga; • Reclama com a atendente de solo (que nada pode fazer); • Senta e diz que não vai sair dali.	• Procura imediatamente alguma solução; • Se informa do próximo voo para já reprogramar o dia; • Aproveita uma noite a mais na cidade para fazer *networking*.

Pessoas com foco no problema desperdiçam muita energia em algo que não vai alterar a situação e quando chegam à solução propriamente dita, já estão cansadas, alteradas emocionalmente e dificilmente conseguem tomar boas decisões. Isso vira um círculo vicioso que só vai afundando cada vez mais a pessoa e a afastando da vida extraordinária que ela gostaria de ter.

Um último ponto que é relevante entender é que nem sempre que tivermos foco na solução conseguiremos resolver a questão. Ou seja, quando você se depara com um desafio ou com algo ruim, se houver solução, você vai encontrá-la e resolvê-la sem desperdiçar uma valiosa energia focando no problema. Porém, se a situação não tiver solução, aceite com coragem e resignação e já se adapte à nova circunstância. Vamos em frente.

#2 – SEGUNDO PRINCÍPIO

Sabe quando uma criança de 4 anos faz aniversário e ela fica animadíssima para abrir os presentes? Então, quando abre um pacote com roupa e meia, ela fica frustrada e diz: "Ah, mas eu prefiro brinquedos". Os pais, com vergonha, imediatamente corrigem a criança e pedem a ela para se desculpar e agradecer pelo presente. Esse tipo de cena acontece várias vezes ao longo dos anos. O que vai acontecer lá na frente? Em mais alguns anos, ela vai estar devidamente domesticada a abrir todos os presentes e ter a mesma reação: "Obrigada, eu adorei", com um sorriso forçado no rosto.

Temos essa domesticação de sempre dizer: "Assim está ótimo", "Obrigado", "Que incrível". Esse brilho nos olhos das crianças pequenas, ao longo dos anos, vai se apagando, pois elas não podem ser verdadeiras e genuínas com seus sentimentos, pois a domesticação vai colocando limites, barreiras e regras no nosso corpo e no nosso comportamento. E assim acontece várias vezes ao longo do dia, principalmente quando adultos. Conseguimos ver isso até naquela mensagem que recebemos de alguém depois de muito tempo e respondemos no automático: "Ah, que saudade", quando na verdade não estamos com saudade nenhuma.

Ao longo da vida vamos sendo treinados a não dizer exatamente o que pensamos ou o que gostaríamos de fazer. Veja, não estou dizendo aqui que sejamos mal-educados e deselegantes com as pessoas, mas não seria muito melhor que todos nós pudéssemos dizer com um sorriso verdadeiro no rosto algo como "Muito obrigado pelo presente, sou grato por ele, mas, da próxima vez, só para você saber, eu prefiro brinquedo"? Facilitaria a vida de quem dá o presente e aumentaria as chances de quem ganha receber o que verdadeiramente gosta. Isso é tão desafiador que só de ler aqui pode ser que você esteja pensando: "Nossa, mas isso seria deselegante". Minha resposta é: as pessoas só pensam isso porque foram domesticadas deste jeito. Por isso, é tão importante cuidar do que falamos e das palavras que proferimos, pois estamos treinando nosso cérebro o tempo inteiro a falar o que verdadeiramente é ou, por outro lado, treinando que o que falamos não necessariamente é verdade.

Um dia eu saí de casa para correr na beira da praia. Quase sempre começo no mesmo ponto, corro quinze minutos na ida e completo o percurso com os quinze minutos da volta. Geralmente, a volta dá um minutinho a mais, pois o vento – na maioria das vezes onde eu corria – estava contra. Porém, teve um dia que o vento estava a favor e eu voltei para o ponto de partida em 29m20s. Eu poderia ter parado ali, mas eu disse para mim mesmo que correria trinta minutos. Decidi correr mais quarenta segundos para completar o treino. Para muitos, pode ser uma besteira. Mas não é! Esse é o tipo de treinamento que precisamos fazer para sermos impecáveis com a nossa palavra. Esse é o segundo princípio: SE FALOU, FAÇA! Não quer fazer, não fale.

Assim como o foco na solução, são nessas pequenas ações do dia a dia que iremos treinar nosso cérebro para os grandes movimentos da vida, quando eles ocorrerem. É no pequeno que a gente treina o grande. Não adianta passar o dia falando e não fazendo nas pequenas coisas. Na hora do que realmente importa, por que seria diferente? Você treinou seu cérebro e sistema para falar e não fazer, como se fosse correto, sem punição, sem dor. Mas, quando você decidir acordar e caminhar, estudar para passar num concurso, emagrecer, advinha como seu cérebro vai agir? Do mesmo jeito que sempre, ele vai entender que está tudo bem falar e não fazer.

Todos os princípios são um treinamento permanente. Se você falar que vai fazer algo, faça. Se não quer fazer, treine não falar ou dizer expressamente que não vai fazer. Como treinar? Comece com coisas da rotina, aparentemente simples e sem importância: se você marcou um encontro às 15 horas, esteja pronto e no lugar escolhido (físico ou virtual) às 14h59. Seja pontual. Se você quer acordar às 6 horas e não consegue, simplesmente diga: “Vou acordar quando meus olhos abrirem”. Essa abordagem é melhor do que falar que vai acordar e não fazê-lo. Os dois treinos são ótimos: falar que não vai fazer, se não quiser fazer; e se falar, fazer.

O cérebro é exatamente como um músculo: exige treino constante. Quanto mais você se desafiar a fazer as coisas, mais consegue e, consequentemente, aumenta o "peso" desses desafios, pois o músculo está preparado para um "peso" maior. Em algum momento, você estará capacitado a dizer que vai acordar sem soneca e vai mesmo. Vai começar a dieta e fazer mesmo. E, dessa forma, colocar toda a estratégia que falamos no livro a seu favor para que ela realmente seja o novo modelo de vida.

#3 – TERCEIRO PRINCÍPIO

Nas histórias de super-heróis, há sempre uma tríade de personagens que compõem a trama: o herói, a vítima e o vilão. Um só existe porque há os outros dois. Pense comigo: se não existisse o vilão, não existiria a vítima e não haveria a necessidade de ter um herói. Levando em consideração os filmes que conhecemos e, muitos de nós, adoramos (eu, particularmente, adoro assistir a esse tipo de filme), como *Batman*, *Homem-Aranha*, *Pantera Negra* etc. – ou mesmo de policiais –, todos possuem essa mesma estrutura.

O que acontece quando a vítima é capturada pelo vilão? Como a gente sabe, nos filmes, ela espera que o herói crie um plano e consiga resgatá-la. Ou seja, o herói se coloca em situações de desafio, ou até de risco, para tirar a vítima das mãos do vilão. Ele se expõe e vai no seu limite para salvá-la. Mas e a vítima? Como ela se comporta? Ela tem um padrão de comportamento, quando capturada, ela se mantém no papel de vítima: chora, grita, se desespera, tende a manter o foco no problema (não na solução) e espera o socorro de alguém. Esse alguém é o herói. Quando o herói cria seu plano e o torna bem-sucedido, o final é feliz e todos voltam contentes para casa. Até que a situação se repita, e a pessoa que acabou de ser resgatada seja capturada novamente.

E se pensarmos o contrário, como acontece em quase todos os filmes desse gênero: e se a pessoa capturada for o herói? O que acontece? O herói não vai se comportar como vítima, pois ele focará toda a sua energia e atenção na solução, não no problema. Ele vai pensar, criar e persistir até encontrar uma forma de sair das mãos do vilão. Ele não senta e espera que um dia o soltem ou que alguém venha resgatá-lo do perigo. Pode ser demorado, cansativo e frustrante em alguns momentos, mas, se ele pensar em algum plano que possa dar certo, ele vai seguir nessa direção. Se for para morrer, que seja para morrer buscando uma saída. Mas e a vítima? Mesmo depois de salva, se um dia for presa novamente ou cair em outra situação de risco, novamente se comportará como tal e esperará, mais uma vez, ser salva pelo vilão. Resumindo, herói se comportará como herói em qualquer circunstância e a vítima seguirá seu padrão.

Todos esses personagens podem ser transpostos para a nossa vida real. O vilão às vezes pode ser o chefe chato e abusivo, às vezes são aqueles quilos a mais, o relacionamento ruim (ou a falta de um), a dívida no banco, a indisciplina dos maus hábitos, o julgamento dos outros, a procrastinação, a distração com as redes sociais... Enfim, há vilões de todos os tipos e para todos os gostos. Esses são os vilões da vida real, que nos rondam o tempo todo. E nós podemos nos comportar como um dos dois papéis que nos sobram para interpretar: o da vítima ou o do herói da situação e da nossa própria jornada. Como? Se optarmos por sermos vítimas, vamos esperar que alguém um dia nos salve, gritando, chorando, esperando, reclamando e todos os comportamentos tradicionais de uma vítima, continuando nessa roda de hamster sempre com problemas (dívidas, relacionamentos infelizes, carreira frustrante), esperando por ajuda para tudo e para todos. A vítima só consegue sair desse ciclo se for salva por alguém – o herói. Porém, percebam que o herói é externo, porque a vítima não consegue se salvar sozinha. Então, duas situações podem acontecer, e nenhuma das duas é positiva. Caso o herói chegue, ela será salva e continuará sendo vítima, pois ela não terá aprendido a estratégia para mudar seu comportamento e não cair mais nas ciladas de vítima. No próximo desafio, ela volta a ser a vítima. E, por outro lado, se o herói não chegar, ela permanecerá presa na própria vida medíocre que criou para si. Ruim de um jeito ou de outro.

Alguns exemplos muitos práticos:

- **EMAGRECIMENTO:** a vítima escolhe se justificar, dizendo que não consegue fazer dieta pois não tem apoio da família e, por isso, não consegue emagrecer. Se a pessoa tiver atitude de herói, vai conversar e envolver as pessoas importantes no seu projeto para conseguir criar novos hábitos e colocá-los em prática;

- **PROBLEMAS COM O CHEFE:** na postura de vítima, a pessoa reclama e espera alguma solução externa. "Quem sabe um dia teria a sorte de ter um novo chefe?". Porém, se a pessoa assumir o papel de herói, vai pensar em como sair dessa situação, criar um plano;
- **RELACIONAMENTOS:** a vítima diz que não tem sorte, que tem "dedo podre", que só atrai a pessoa errada. Já o herói reflete sobre sua situação e entende o que ele precisa melhorar para conquistar a pessoa certa.

Poderíamos brincar de vítima e herói o dia inteiro aqui, mas acredito que o conceito já ficou claro para você. Todos nós podemos ter atitudes muito diferentes perante o mesmo problema. É por isso que afirmo a você: é possível escolher ser o herói da própria vida, colocando em prática o Plano de Batalha para uma vida extraordinária e enfrentando os vilões com coragem. Colocando em prática a estratégia, a prática do hábito, a filosofia adequada e o ambiente certo para enfrentar os vilões e sair da passividade de vítima. O herói dá um jeito, mesmo que aconteça de ele se machucar (figurativamente e, às vezes, até literalmente), ele se levanta. Lembre-se de que a ideia é ser guerreiro e, na guerra, machucados e feridas acontecem.

Esse princípio, então, é: SEJA O HERÓI DA SUA HISTÓRIA.

Entenda que ser herói não significa resolver tudo sozinho e se colocar em risco (pode haver quedas e machucados no percurso, mas não precisa se colocar em perigo). O herói sabe dos seus limites e, quando precisa, se junta a outros heróis para resolver a situação. E não é exatamente assim que a Liga da Justiça funciona? Isso significa ter relacionamentos plenos e saudáveis para ajudar você na caminhada. Um herói de verdade está perto de outros heróis, sempre! Vamos falar disso no próximo capítulo, logo após o exercício a seguir.

Na comunidade que eu lidero, há 9 princípios essenciais que norteiam toda a nossa tomada de decisão, independentemente da sua história, origem ou profissão. Aqui, compartilharei com você 3 deles, que já vão fazer uma diferença substancial na sua vida. Mas, caso você queira se aprofundar nesse ensinamento, lembre-se que você ganhou trinta dias de acesso gratuito,[12] basta apontar a câmera de seu celular para o **QR Code** ao lado ou acessar **www.livronocomando.com.br**.

EXERCÍCIO

Antes de seguir, é importante você se lembrar de que a prática é parte fundamental da evolução, então, vamos praticar o que vimos neste capítulo. Vou fazer algumas perguntas simples e é bem importante que você as responda com toda sinceridade.

Vimos três princípios fundamentais para ter uma vida extraordinária. Eu gostaria que você avaliasse como cada um deles tem feito parte da sua vida até o dia de hoje, especialmente nos últimos meses. Para responder, marque com X a opção que melhor descreve sua situação atual:

12 Válido para novos assinantes.

FOCO NA SOLUÇÃO: como você avalia a aplicação prática desse princípio na sua vida nos últimos meses? Mesmo que você ainda não conhecesse o conceito do princípio antes, responda com base em como você vem agindo instintivamente.

PRATICAMENTE NÃO USO	TENHO USADO MUITO POUCO	NEUTRO	USO EM VÁRIAS SITUAÇÕES	JÁ FAZ PARTE DA MINHA VIDA

SE FALOU, FAÇA!: como você avalia a aplicação prática desse princípio na sua vida nos últimos meses? Mesmo que você ainda não conhecesse o conceito do princípio antes, responda com base em como você vem agindo instintivamente.

PRATICAMENTE NÃO USO	TENHO USADO MUITO POUCO	NEUTRO	USO EM VÁRIAS SITUAÇÕES	JÁ FAZ PARTE DA MINHA VIDA

SEJA O HERÓI DA SUA PRÓPRIA HISTÓRIA: como você avalia a aplicação prática desse princípio na sua vida nos últimos meses? Mesmo que você ainda não conhecesse o conceito do princípio antes, responda com base em como você vem agindo instintivamente.

PRATICAMENTE NÃO USO	TENHO USADO MUITO POUCO	NEUTRO	USO EM VÁRIAS SITUAÇÕES	JÁ FAZ PARTE DA MINHA VIDA

Agora, considerando o sonho que você tem para sua vida, para qual desses princípios você acredita que se der um pouco mais de atenção poderá alavancar mais seus resultados?

ESCREVA AQUI O PRINCÍPIO: ________________________________.

Por fim, olhando para sua escolha, estabeleça uma única ação que você começará a fazer a partir de hoje para que esse princípio esteja mais presente na sua vida.

MINHA AÇÃO SERÁ: ____.

CAPÍTULO 9

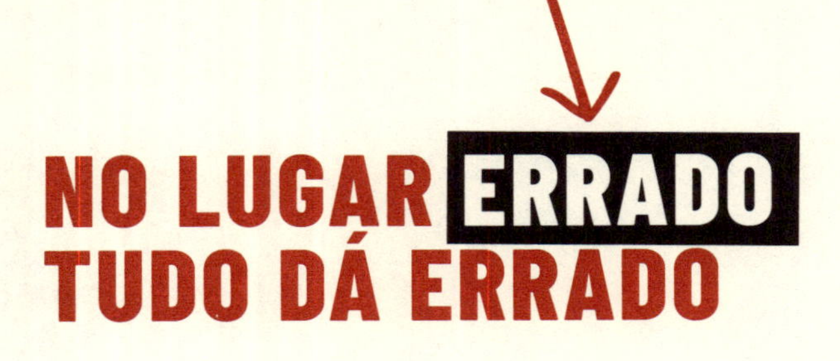

NO LUGAR ERRADO TUDO DÁ ERRADO

Um dia a Carol, minha filha, trouxe um broto de planta da escola para plantar em casa. Nenhum de nós tinha a menor ideia de que tipo de planta era aquela e a colocamos num vaso pequeno. Acontece que, numa das viagens longas que fizemos em família, esquecemos a planta na área de serviço, onde a pessoa que vinha regar as demais plantas não a via. Ela ficou num ambiente escuro, sem ser regada, nos fundos da casa. Quando chegamos de volta, percebemos que ela tinha virado um pequeno galho seco, sem uma única folha. Para a Paty, ela estava morta e, por isso, a colocou ao lado da lixeira para ser recolhida.

Talvez você já saiba disso, mas eu tenho carinho por todo ser vivo. Não mato insetos, como abelhas, pego-os na mão e jogo-os para fora da janela (exceto baratas, delas eu tenho horror, me desculpe por isso). Então, decidi que iria pegar aquela planta e cuidar dela. Trouxe-a para a varanda, coloquei-a junto às demais, dei a ela o nome de Magrela, pois ela era só um talinho seco.

Depois de alguns dias, percebi que começou a brotar uma folhinha pequena e um galho novo a partir daquele talo seco. Dali para a frente, ela só cresceu. Atualmente, ela está linda, enorme, uma das maiores plantas aqui de casa. Inclusive troquei o vaso dela para um maior umas três vezes. Para que continue crescendo e se expandindo.

QUAL A LIÇÃO QUE TEMOS COM A HISTÓRIA DA MAGRELA?

Houve uma única mudança na vida dela: num primeiro momento, a Magrela estava no lugar errado e acabou sucumbindo.. Mas, a partir do momento em que a gente a colocou num ambiente adequado, ela se transformou. Assim é a vida, existem dois tipos de ambientes. Um é o **ambiente tóxico**, aquele onde sentimos nossa energia sendo sugada, onde normalmente nossos sonhos são motivo de chacota, onde as pessoas nos colocam para baixo e muitas vezes focam somente nos problemas existentes. E do outro lado tem o **ambiente fortalecedor**, propício para o crescimento, com pessoas que impulsionam essa energia e nos levam aos resultados esperados, às vezes acima até daqueles que acreditamos ser possível. Foi o que aconteceu com a Magrela e é o que vejo acontecer todos os dias com pessoas, alunos, clientes – e, também, comigo, num passado nem tão distante assim. Se somos colocados em ambientes tóxicos, assim como a Magrela, definhamos, desistimos dos nossos sonhos e tendemos sempre a voltar ao que tínhamos antes, aos mesmos resultados que não são os esperados. Assim como nosso cérebro, o ambiente tóxico também é feito para nos manter onde estamos.

Por outro lado, quando encontramos um ambiente fortalecedor, nossos sonhos prosperam, crescem, nos sentimos inspirados e energizados a seguir adiante na direção do que, para cada um de nós, é uma vida verdadeiramente extraordinária. Não conheço o seu caso, mas se você parar para refletir por um instante, talvez vasculhe sua mente e se lembre de ambientes assim, que fortalecem seus sonhos, ou de outros que os sufocam. E, por mais duro que possa parecer, esses ambientes tóxicos ou fortalecedores podem estar mais próximos do que imaginamos, podem estar nos nossos familiares, colegas e amigos, que são justamente as pessoas que podem jogar você para cima... ou para baixo.

Agora, é importante que você entenda que nem todo mundo que puxe você para baixo quer o seu pior, muito pelo contrário. Lembro-me de quando eu disse para alguns dos meus amigos que iria largar a Advocacia-Geral da União – um emprego estável que me pagava muito bem– e eles me chamaram de louco. Por mais que eu soubesse que aquilo era o melhor para mim, eles tentaram de todas as formas me persuadir a ficar. Para eles, era melhor eu permanecer onde estava, não ousar, me manter exatamente ali onde era seguro. Mas, de novo, nem sempre fazem isso por mal; na realidade, existem dois motivos.

- **PRIMEIRO: POR AMOR.** Como eu disse no início do livro: o sistema manipula a gente para permanecer na média. E, quando você ousa ir contra ele, as pessoas que amam você acham que aquele não é o caminho. Afinal, elas também estão imersas nesse mesmo sistema que não quer nossa evolução, que quer nos manter onde estamos, que quer seguir o “plano” (nascer, crescer, fazer faculdade, casar, ter filhos, trabalhar e se aposentar).

Então, as pessoas à sua volta têm medo de que você se frustre, sofra e se arrependa. No fundo, elas o desestimulam porque amam você e querem que você tenha segurança. Portanto, não tenha raiva dessas pessoas, você deveria até ser grato ou grata a elas, mas tenha consciência do que está acontecendo.

- **SEGUNDO: POR MEDO DE SE CONFRONTAR COM A PRÓPRIA INSATISFAÇÃO.** Quando você assume o comando para ser tudo o que pode ser, você brilha. E esse brilho reflete nas pessoas ao seu redor que passam a ver de frente a própria vida. Pensa assim: se nenhum de nós mudar, ninguém precisa lidar com as partes da própria vida de que não gosta. Mas se um de nós sair "desta vida", todos os demais terão que lidar com a situação em que permaneceram. Obviamente não estou me referindo à vida de servidor público, pois não há nada de errado com ela, muito pelo contrário, têm servidores públicos extremamente felizes, realizados e que fazem diferença para o Brasil. Conheço muitos deles.

Refiro-me a uma questão maior, quando a pessoa vive uma vida que não é dela. Viver uma vida para seguir o tal plano que traçaram para ela antes mesmo de nascer. O sistema e as pessoas que fazem parte dele têm uma tendência muito forte de querer dizer quem nós somos. O sistema cria rótulos e, dependendo do ambiente onde esteja, você pode acabar acreditando que você é aquilo. E depois que você acredita, volta a lógica do Ciclo da Realidade: você se torna o que acredita que é e isso vai determinar o que você faz e tem.

Se você evolui, passa a brilhar mais e muitos se incomodam com esse brilho, porque eles passam a se questionar se a vida que eles levam é a que realmente querem. É como se esse brilho os provocasse a olhar para dentro de si e para sua batalha interna. E nem todos querem olhar para dentro, pois é difícil e dói.

Pense assim: se você faz parte de um grupo de pessoas que bebe mais cerveja do que deveria, quando você decide parar, expõe e coloca luz sobre todos os demais que não decidiram parar ou diminuir. Se você tem um grupo que fuma, usa drogas, enrola no trabalho, trai o marido ou a mulher, e decide mudar de vida, o grupo tenderá a fazer chacota de você pela mesma razão: a sua luz expõe a fraqueza e amplia a sombra deles.

DE QUEM VOCÊ QUER ESTAR PERTO?

É como a história do caranguejo que ouvi da minha mulher, que é pernambucana e garante que funciona exatamente assim. Quando há muitos caranguejos dentro de um balde, sabe o que eles fazem? Sempre que um caranguejo do fundo do balde pega na borda para tentar sair, automaticamente todos os demais puxam ele de volta. Resultado? Você nem precisa colocar tampa na panela ou no balde, porque nenhum deles vai fugir. Um puxa o outro para baixo. O que acontece na vida é muito parecido. Por isso, eu divido as pessoas nesses dois grupos que citei acima. O grupo dos que nos amam, que acreditam que o que é bom para a gente é o que é bom para eles –

O sistema cria rótulos e, dependendo do ambiente onde esteja, você pode acabar acreditando que você é aquilo.

claro que eles fazem isso com o sentimento de amor e proteção. E aí, eles me mantêm dentro do balde, não porque querem que eu fique ali, mas porque me amam, se sentem seguros dentro daquele balde e querem que eu fique junto deles. Mas eles não sabem o que tem fora do balde! Eles têm medo do que está do outro lado e, na tentativa de me proteger, me mantêm junto. Só para deixar claro: todos temos medo, eu também tinha. Então, as pessoas ao nosso redor, por amor, nos mantêm no mesmo lugar, não porque elas querem, mas porque nos amam. Este é um grupo.

O segundo é daqueles que ficam incomodados com o brilho daquele que encontrou seu propósito e vive plenamente. E querem manter você dentro do balde não por amor nem por proteção, mas porque não querem que você vá para fora e avise: "Olha, tem coisa melhor aqui fora". Porque, se você o fizer, eles ficarão expostos à frustração de permanecerem lá dentro. Por não conseguirem ou não terem os recursos internos necessários para assumir o comando da própria vida e fazer o que você acabou de fazer.

UM AMBIENTE PARA VOCÊ EXPLORAR SEU POTENCIAL

Então, é importante ter um ambiente onde não precise reduzir seus sonhos para caberem na mente das pessoas. Você precisa de um ambiente onde não seja o louco, e sim o adequado. Você precisa de um ambiente onde não seja puxado para baixo – por amor ou por inveja. Pelo contrário, que nele você seja impulsionado por pessoas que já alcançaram ou querem alcançar a mesma coisa que você. Então, você precisa tomar uma decisão entre estar num ambiente fértil e fortalecedor para o seu crescimento ou estar num ambiente tóxico. A escolha é sua, é minha, é de todo mundo que quer evoluir.

VENDA BEM O SEU SONHO

Antes de seguirmos adiante, eu não quero avançar sem falar de um ponto muito relevante, que é o relacionamento dentro da nossa própria casa. Quando temos um sonho e estamos convictos de que ele é o melhor para a gente, muitas vezes queremos que o nosso companheiro – seja o esposo, a esposa ou um relacionamento muito próximo – participe dele. É algo comum e que escutamos bastante dentro da Comunidade No Comando e nos meus treinamentos. Em alguns casos, queremos que a outra pessoa largue tudo para viver esse sonho conosco. Conto isso porque é algo que aconteceu comigo. Quando optei por ser coach, eu quis muito que a Paty embarcasse e estivesse junto no dia a dia, em todos os momentos.

Uma observação importante: a Paty sempre me apoiou em todos os movimentos que fiz na vida. Ela me deu suporte, me escutou e estava do meu lado, me apoiando da melhor maneira que podia, ou seja, sem nunca se indispor ou me atrapalhar para que eu fosse tudo aquilo que posso ser. Porém, ela tinha a sua própria vida e os próprios sonhos. Só que eu fiquei muito tempo preso na necessidade que ela estivesse ao meu lado, cheguei a dizer que era injusto da parte dela. Até que um dia resolvi sair do papel de vítima, entrar no papel de herói da minha própria história e entender que eu tinha tudo que precisava, esperar por ela era a desculpa para eu não ser tudo que poderia.

Mas, aos poucos, minha carreira de coach e treinador foi deslanchando e ela foi percebendo que eu poderia oferecer uma posição nesse sonho que seria interessante para ela também. É como se fosse uma venda: consegui convencê-la de que essa parceria valia a pena para ela também. E ela topou vir, não por mim, propriamente dito, mas porque sentiu que era vantajoso para a carreira dela, profissionalmente falando. Não seria uma aventura nem algo que ela aceitaria por pena ou por insistência, entende? Porque, se ela tivesse vindo pela emoção, por exemplo, não teria sido sustentável a longo prazo e, no futuro, ela poderia se sentir frustrada, me culpar e o desfecho ser pior do que se imagina.

Ela me deixou viver minha vida e meu sonho e, quando começou a ver os resultados e perceber que eu precisava de ajuda, ela veio. O meu grande aprendizado foi que: eu plantei, cuidei e reguei corretamente, criei um ambiente favorável e prosperei, um dia ela se sentiu inspirada e veio porque quis. Se eu estivesse até hoje esperando o apoio da forma como eu queria para poder ter começado, ou seja, de uma forma egoísta, querendo que ela largasse tudo para me ajudar, certamente você não estaria sequer lendo este livro.

QUEM VOCÊ CONVIDARIA PARA TOMAR UM CAFÉ COM VOCÊ?

Em alguns momentos da vida, pode parecer difícil estar num ambiente que seja fortalecedor, pois pode parecer para alguns que a humanidade está mais para a média, para a mediocridade, do que para o extraordinário. Bom, sinto discordar. Não é que *parece* isso, o fato é que é exatamente essa a situação. Embora eu já tenha dado a você o começo da solução, com o presente de estar na Comunidade No Comando, ainda assim, algumas pessoas ficam se perguntando como achar esse ambiente, então vou ajudar você ainda mais aqui.

A internet é uma das maiores distrações que podemos ter na busca de nossos sonhos. Ela tende a tirar nosso foco, nosso tempo, nossas energias e muito mais. Por outro lado, ela nos traz recursos extraordinários que não tínhamos antigamente. Hoje temos acesso a mentores e pessoas que há muito tempo só acessaríamos através de obras dentro de bibliotecas específicas, pois nem a distribuição de livros era tão farta como é hoje. Atualmente, temos a possibilidade de escolher nosso grupo, nossa patotinha, que vai nos guiar na direção daquilo que queremos para nossa vida. Hoje, se eu decidir ter o Barack Obama como meu mentor, posso segui-lo nas redes sociais e assistir a tudo que ele posta ou ler o que ele escreve e ir adequando o que ele fala ao processo de alcançar meus sonhos.

Portanto, vamos fazer um desafio, para você criar seu grupo exatamente agora e se afastar de outros que não trazem benefício e apenas distraem você. Pense grande, pense ilimitadamente, afinal, qualquer pessoa pode "sentar na sua mesa" de fato ou simbolicamente, por meio dos livros, textos, vídeos e outros conteúdos que podemos acessar pela internet. Vou guiar você para saber quem seriam essas pessoas. Lembre-se apenas de que ter um grupo não é transferir para ele a responsabilidade que é sua.

Ao contrário, é tê-lo como guia, para você seguir sendo o herói da sua história, assumindo o comando para ter uma vida extraordinária sendo tudo aquilo que você nasceu para ser.

Para isso, convido você a se imaginar chegando numa cafeteria (eu amo cafeterias) e sentando numa mesa com seis lugares, o seu e mais cinco. Imagine que você chegou primeiro – "se falou, faça!" –, pois você agora (ou já era antes) é do tipo de pessoa pontual. Você convidou algumas pessoas para ajudarem na sua jornada rumo a sua vida extraordinária, para serem o seu ambiente fortalecedor. Imagine que aos poucos os convidados foram chegando. Lembre-se de que você não precisa de fato conhecer essas pessoas. Pense sem limites.

Acabou de chegar a primeira pessoa que você convidou para ajudar você no seu sonho, quem é ela? (Escreva na linha a seguir.)

____.

A segunda está entrando pela porta. Diga um oi para ela, como é mesmo o nome dela? ____________________________________.

A terceira e a quarta chegaram quase ao mesmo tempo, coloque o nome delas aqui: ____

e ____.

A quinta tem uma peculiaridade, podemos acessar o conhecimento de pessoas que estão entre nós ou que já partiram. Se você pudesse escolher qualquer pessoa para convidar, que está entre nós ou já não está mais nesta existência material, quem seria essa pessoa? ____.

Excelente! Agora você precisa de algumas atitudes para seguir na direção certa. Se essas pessoas já são do seu convívio, vá lá e

Em alguns momentos da vida, pode parecer difícil estar num **ambiente** que seja **fortalecedor**, pois a humanidade está mais para a média, para a mediocridade, do que para o extraordinário.

mande uma mensagem para elas se disponibilizando a ajudá-las em primeiro lugar. Não peça ajuda de cara, gere valor primeiro. Mande uma mensagem do tipo: "Olá fulano(a), estou lendo um livro aqui e me lembrei de você, tem algo que eu possa fazer para ajudá-lo? Se tiver, por favor, me deixe saber que, se estiver ao meu alcance, eu o farei!".

Agora, se as pessoas que você escolheu não são do seu convívio cotidiano, vá lá na internet, nas redes sociais, e siga-as. Clique nos recursos para ser notificado do que elas postarem e comece a dar muito mais atenção ao conteúdo delas do que das demais. A partir de hoje, o conteúdo delas é evolução para você.

Para terminar, como crescer dói, vou lhe fazer um desafio. Quero que vá na sua rede social de preferência, exatamente agora, e deixe de seguir três pessoas que só representam distrações para você. Podem ser conhecidas ou não, mas faça! Topa o desafio? Se sim ou se não, vejo você no próximo capítulo.

CAPÍTULO

10

O SEGREDO PARA ALCANÇAR O TOPO

Honro você por investir o seu tempo em busca de uma vida melhor, uma vida com histórias que você terá orgulho de contar lá na frente. Só de chegar até este ponto da leitura, você já está em um seleto grupo de pessoas que não pararam pelo caminho. Parabéns por isso! Como vimos até aqui, não somos colecionadores de sucesso ou de fracasso, tudo são apenas resultados, uma consequência direta das estratégias que adotamos diante de cada circunstância, no nosso dia a dia. Quando você tem a estratégia certa, com prática direcionada, vivendo uma vida por princípios e dentro de um ambiente fortalecedor, é capaz de atingir resultados verdadeiramente extraordinários. Mas, quando adota a estratégia errada, seja conscientemente ou não, o que você alcança são os resultados correspondentes, aqueles que não são os desejados por você.

Agora, tem um ponto muito importante aqui. Quando eu digo uma vida extraordinária, me refiro àquilo que você entende como tal e, de jeito nenhum, estou me referindo à vida das pessoas das redes sociais, da pessoa multimilionária, de quem só viaja e dá tudo certo, não estou nem mesmo me referindo à minha vida. O importante aqui é construir uma vida que preencha e seja extraordinária PARA

VOCÊ. Jamais se limite por mim. Você pode ter muito mais ou muito menos do que eu tenho, sua felicidade não vem daí, vem de ser tudo aquilo que você pode ser.

Preciso deixar claro que o meu propósito maior neste mundo é exatamente o mesmo que o seu. Como eu disse ao longo do nosso bate-papo neste livro, eu e você somos projetos criados para dar certo. Sejam criados por Deus (se você, assim como eu, acredita n'Ele) ou criados pela natureza ou mesmo criados pela natureza sob a arquitetura de uma Inteligência Superior. Não importa, em qualquer situação somos um projeto e, como todo projeto, fomos criados para dar certo. Por isso, eu e você precisamos evoluir. Seja para alcançar a intenção do nosso Criador Divino ou para alcançar um propósito darwiniano de que a espécie que não evolui é extinta.

Ao longo de todo o livro, viemos construindo juntos o Plano de Batalha, e se você realizou os exercícios junto comigo, já está com ele praticamente pronto para enfrentar seus desafios e ser tudo aquilo que pode ser. Sempre que quero ter algum resultado na vida que ainda não tenho, faço o seguinte caminho:

1. **TENHO CLAREZA DAQUILO QUE QUERO:** foco nos 80% que mais me trarão felicidade, e não nos 100% que vejo em redes sociais ou que o sistema espera de mim. Lembre-se de que você pode, sim, alcançar os 100%, mas é muito mais simples depois que tiver conseguido os 80% do que partindo do zero;
2. **DEFINO A PRÁTICA QUE VAI ME LEVAR AONDE QUERO CHEGAR:** foco nos 20% de esforço que vão me dar aqueles 80% de resultado que acabamos de falar. Como passo inicial, estabeleço um

hábito angular que vai me levar na direção de ser o tipo de pessoa que alcança os resultados desejados;

3. **VIVO PELOS PRINCÍPIOS QUE ESTABELECI PARA ESTAR NO COMANDO DA MINHA VIDA:** a todo o instante estou me vigiando para seguir a filosofia que escolhi para mim. Não espere viver por ela 100% do tempo, não acontecerá, mas se você for gradativamente inserindo-a na sua vida, em breve você estará mais tempo no piloto automático positivo do que no negativo, e é justamente aí que a magia começa a acontecer, os resultados começam a surgir quase que automaticamente, afinal, como padrão, suas rotinas já estarão sendo extraordinárias e gerarão resultados extraordinários;
4. **CERTIFICO-ME SE ESTOU PERTO DAS PESSOAS QUE VÃO FORTALECER, IMPULSIONAR E TORNAR MEU AMBIENTE FÉRTIL PARA CONQUISTAR OS SONHOS DE QUE GOSTARIA NESSE MOMENTO, EVITANDO AS PESSOAS TÓXICAS.** Claro, não confunda toxicidade com pessoas mais experientes que possam lhe apontar possíveis pontos cegos, estas últimas precisam ser ouvidas. Pense numa regra simples: ouça a crítica, se ela faz sentido, adote! Se não faz, descarte! E não tenha vaidade nem se sinta ofendido.

Como estamos chegando ao final do livro – dê uma olhada como faltam poucas páginas agora –, eu me sinto na obrigação de preparar você para os seus próximos passos, especialmente quando o livro terminar e você seguir por conta própria. E um dos pontos que mais percebo que faz com que pessoas não alcancem todo seu potencial é que elas não foram alertadas para o formato que a curva de crescimento tem, elas esperam um gráfico ascendente permanente, algo mais ou menos assim:

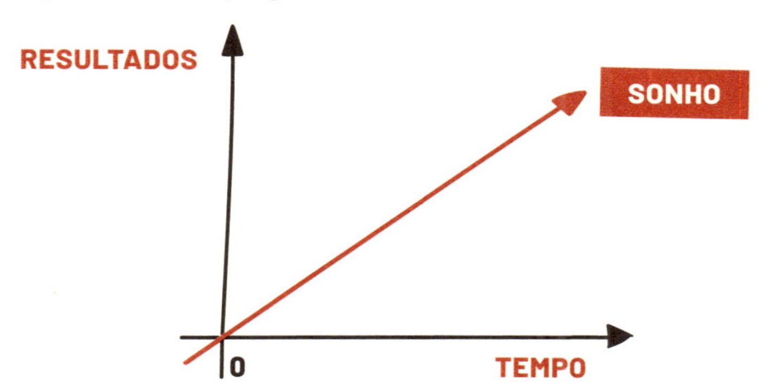

Mas não é bem assim que acontece, vamos falar um pouco sobre isso.

A VERDADE SOBRE A CURVA DE EVOLUÇÃO

Quem quer uma fórmula mágica e rápida – para emagrecer, ficar rico, construir uma relação amorosa – provavelmente vai ficar pelo caminho. Pelo menos eu, depois de tantos anos treinando pessoas, não conheço algo mágico para as coisas extraordinárias da vida. É justamente ao contrário: quando iniciamos uma jornada para um novo resultado, por mais que sigamos a estratégia certa, é fundamental entender como as coisas vão funcionar durante o processo de evolução.

Quando vamos malhar, primeiro vem o gasto com a academia, acordar mais cedo para conseguir fazer a série, a dor dos primeiros dias e, de fato, ainda nada vai ter mudado no nosso corpo. Quando começamos uma dieta, normalmente, paramos de comer diversas coisas de que gostamos – mesmo que elas não fossem saudáveis, ainda assim estávamos acostumados a comer – e criamos restrições, mas o corpo ainda não vai ter mudado nada. Para passar num concurso, primeiro abrimos mão de muitos fins de semana e noites de estudo, sem ter efetivamente passado para nenhum cargo público. Quando montamos um negócio, primeiro dedicamos muitas horas de planejamento e trabalho, investimos dinheiro e, normalmente, de fato, no começo estamos longe de sermos milionários.

A verdade é que antes de melhorar, piora! O gráfico de evolução está muito mais para este aqui:

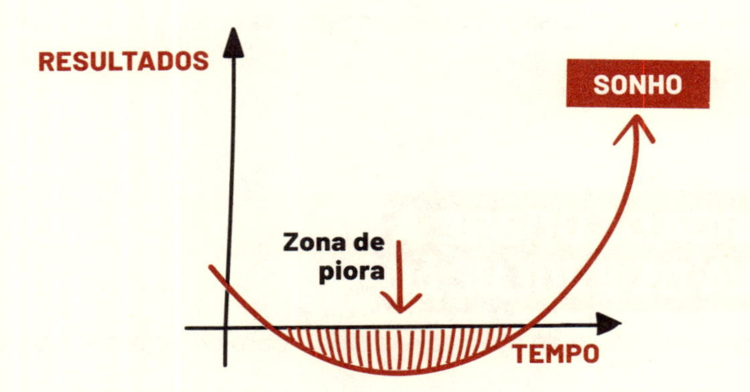

E é justamente quanto a piora acontece que as pessoas tendem a desistir, pois estão iludidas pela mentira do resultado imediato, ainda não conseguiram ver os primeiros reflexos positivos e começam a ser atraídas para as rotinas antigas, por tudo que já falamos no decorrer do livro.

Agora, olha que louco como tudo se conecta entre si. Se você está num ambiente certo e vê que as coisas pioram no começo, as pessoas nesse ambiente vão lhe dar apoio e falar: “Cara, então, está tudo certo! Você começa piorando antes de melhorar. É exatamente isso aí, só mostra que você está na direção certa!”.

Agora, no ambiente tóxico, sabe o que provavelmente vão falar? "Está vendo? Eu não disse que você estava viajando, que esse troço de ser mais do que você é sempre foi balela? Isso só serve para eles, que são isso ou aquilo...".

Coloque uma coisa na sua cabeça: independentemente da estratégia que você põe em prática, independentemente da estrada que você pegar, vai acabar encontrando um monte de buracos pelo caminho. Afinal, só caímos nos buracos da estrada que pegamos. Mas no ambiente certo, com as pessoas certas, você cai nesse buraco, troca o pneu e segue no seu caminho de forma mais sábia do que antes.

O MUNDO É UMA MONTANHA, ACHE SEU LUGAR

Queira você ou não, o mundo é piramidal, em um formato de pirâmide ou de uma montanha íngreme. A maioria das pessoas vai ficar na base da montanha, onde tem muita gente, lá a visão é limitada, os recursos são menores. Muitas dessas pessoas ficarão inclusive criticando quem tenta subir a montanha e até ridicularizando e torcendo para que não consigam, afinal, se alguém conseguir subir, vai expor todos os outros que nem tentaram. Já um outro grupo vai tentar subir, vai começar a caminhada e vai ficar pelo caminho, eles já serão melhores do que aquelas outras pessoas, pois em vez de criticar, foram para a ação. Algumas poucas chegarão ao topo, mas as que chegam experimentam uma vista maravilhosa, a concorrência é pequena e a sensação de conquista é incrível.

No livro *O milagre da manhã*, do escritor norte-americano Hal Elrod, vi um estudo que mostrou o seguinte: em um universo de cem pessoas, analisadas ao longo de quarenta anos, do momento em que entravam no mercado de trabalho até a aposentadoria, nos Estados Unidos, o que se observou foi que dessas cem pessoas:

- Apenas uma vai ser rica;
- Só quatro vão conseguir se manter financeiramente;
- E 95 vão estar trabalhando na velhice, não por quererem, mas porque precisam para sobreviver, ou estarão mortas ou dependendo de algum familiar ou de ajuda do governo para sobreviver.

Sei que essa pesquisa é feita dentro do contexto de um país diferente do nosso. Mesmo assim, é significativo que, nos Estados Unidos, um país conhecido pelas suas oportunidades e pelo espírito meritocrático, o resultado seja esse. Dos cem entrevistados, apenas 5% não dependerão de outros para viver nem precisarão trabalhar para sobreviver.

Ou seja, a maioria das pessoas constrói uma vida para ficar embaixo olhando para cima. E aí, basicamente, criticam ou aplaudem quem está lá em cima. Não quero que você critique, mas que também não apenas aplauda, quero que você suba junto e ainda que ajude outras pessoas a subirem, essa é a magia da vida, subir até onde você puder e ajudar o máximo de pessoas na jornada.

Com a estratégia certa, mais pessoas conseguem subir e chegar ao topo e, se não chegarem exatamente lá, já estarão num lugar ao qual jamais chegariam sozinhas. Como já contei a você, durante dez anos da minha vida, vários dias em que saía de casa para ir à Advocacia-Geral da União, eu dizia para a Paty, minha esposa: "Estou indo para o martírio da minha vida". E toda vez que eu tentava mudar, ficava difícil. Porque subir a montanha dá trabalho, é desafiador, e eu dizia: "Está vendo como não vai dar?", Aliás, tem uma passagem bíblica, em Provérbios 23:7, que diz: "Porque, como imagina em sua alma, assim ele é".

TUDO É POSSÍVEL NA VIDA

Então, chegou uma hora em que eu disse: "Chega de falar que não vai dar... isso não vai me levar a lugar nenhum". Naquele momento eu entendi que "se fosse fácil, todo mundo faria". E isso revolucionou a minha vida! Sempre que eu subia um pouco mais em direção ao topo, do ponto mais alto, as coisas ficavam realmente mais desafiadoras e eu dizia para mim: "É assim mesmo, pois se fosse fácil, todo mundo faria".

Com estratégia certa, prática direcionada, filosofia adequada e dentro de um ambiente fortalecedor, absolutamente tudo é possível na vida. Não fui só eu que consegui com essa simples lógica, foram milhares de pessoas que já testaram exatamente esse modelo e conseguiram resultados como jamais tiveram antes.

Não sei se você quer chegar ao topo da montanha ou, ao menos, se quer ir o mais longe que puder, eu espero que sim, pois sei que você é um projeto criado para dar certo e eu acredito nisso. Você vai cansar durante a jornada, com certeza, eu me lembro inclusive do dia em que quase desisti de continuar subindo e de ajudar pessoas a subirem junto. Estávamos eu, Paty, João e Carol num restaurante em Vila Velha, no Espírito Santo, e esquecemos algo de que precisávamos no carro. Eu decidi ir buscar, naquele momento, não era para ser gentil, mas eu simplesmente queria sair do restaurante e ficar sozinho por um instante, eu estava muito cansado.

Logo que saí em direção ao carro e cheguei do lado de fora, reparei, meio que de lado, uma pessoa me olhando e vindo na minha direção (tomara que você não me julgue agora, estou sendo totalmente franco com você). Era um rapaz que vinha na minha direção e disse: "Geronimo?". Eu juro que amo bater fotos, isso me motiva, é combustível para mim, mas naquele dia eu só queria ficar sozinho. Ainda assim, levantei a cabeça, olhei para ele com o melhor sorriso que consegui e disse: "Sim, sou eu". Ele não me pediu uma foto, simplesmente colocou a mão no meu ombro e disse: "Seus vídeos mudaram minha vida, por favor, não pare... continue!".

Nunca mais o vi, mas posso garantir que se estamos até aqui neste livro é também porque um dia ele me parou e disse isso para mim. Neste momento, com todo meu amor, humildade e determinação, quero ser para você o que aquele rapaz foi para mim. Na próxima vez que você estiver subindo a montanha na direção do seu sonho e tiver vontade de parar, deixe eu ser a pessoa que coloca a mão no seu ombro... me imagine bem na sua frente lhe dizendo:

Não pare... você é muito maior do que imagina. Você é um PROJETO CRIADO para dar certo. Por favor, continue!

Você é um **projeto** criado para dar **certo**.

REFERÊNCIAS

BÍBLIA. João. In: BÍBLIA. Nova Versão Internacional. **Bíblia Online**, [s.d.]. Disponivel em: https://www.bibliaonline.com.br/nvi/jo/16. Acesso em: 6 out. 2020.

BÍBLIA. Provérbios. In: BÍBLIA. Almeida Revista e Atualizada. **Sociedade Bíblica do Brasil**, 1993. Disponível em: https://www.bible.com/pt/bible/1608/PRO.23.7.ARA. Acesso em: 6 out. 2020.

BLAKESLEE, S. Placebos prove so powerful even experts are surprised. The New York Times, Nova York, 13 out. 1998. In: ACHOR, S. **O jeito Harvard de ser feliz.** São Paulo: Benvirá, 2012.

CARROLL, L. **Alice no País das Maravilhas**. São Paulo: Autêntica, 2017.

COMO criar sua realidade | Geronimo Theml | TEDxSantos (14min31s). Publicado pelo canal TEDx Talks. Disponível em: https://youtu.be/PzZAGs57BEk. Acesso em: 6 out. 2020.

COMO ser o mestre da sua própria vida (Personal Power, último dia). **Mude.vc**, [s.d]. Disponível em: https://mude.vc/mestre-da-vida/. Acesso em: 25 ago. 2020.

DESAMPARO aprendido: significado e dicas. **Psicanálise Clínica**, 19 maio 2019. Disponível em: https://www.psicanaliseclinica.com/desamparo-aprendido. Acesso em: 3 set. 2020.

DRUON, M. **O menino do dedo verde**. Rio de Janeiro: José Olympio, 2017.

DUHIGG, C. **O poder do hábito**: por que fazemos o que fazemos na vida e nos negócios. São Paulo: Objetiva, 2012.

ELROD, H. **O milagre da manhã**: o segredo para transformar sua vida (antes das 8 horas). São Paulo: BestSeller, 2016.

ESTRATÉGIA. In: MICHAELIS. **Dicionário Brasileiro da Língua Portuguesa**. Disponível em: https://michaelis.uol.com.br/moderno-portugues/busca/portugues-brasileiro/estrat%C3%A9gia/. Acesso em: 24 set. 2020.

FERNANDO Fernandes (atleta). In: WIKIPEDIA. Disponível em: https://pt.wikipedia.org/wiki/Fernando_Fernandes_(atleta). Acesso em: 19 ago. 2020.

KELLER, G.; PAPASAN, J. **A única coisa**: o foco pode trazer resultados extraordinários para sua vida. Barueri: Novo Século Editora, 2009.

LANG, S. S. "Mindless autopilot" drives people to dramatically underestimate how many daily food decisions they make, Cornell study finds. **Cornell Chronicle**, 22 dez. 2006. Disponível em: https://news.cornell.edu/stories/2006/12/mindless-autopilot-drives-people-underestimate-food-decisions. Acesso em: 20 set. 2020.

LÓPES, A. G. O cérebro queima em um dia as mesmas calorias que correr meia hora. Então, pensar muito emagrece? **El País**, 27 nov. 2018. Disponível em: https://brasil.elpais.com/brasil/2018/11/23/ciencia/1542992049_375998.html. Acesso em: 22 ago. 2020.

MCGONIGAL, K. **Os desafios à força de vontade**: como o autocontrole funciona, por que ele é importante e como aumentar o seu. São Paulo: Fontanar, 2014.

O SEU CASTELO DE MERDA. 2015. Vídeo (13min34s). Publicado pelo canal Paula Abreu. Disponível em: https://youtu.be/p6W22VUMf8k. Acesso em: 21 ago. 2020.

PLANET, V. Os 4 compromissos para ser feliz, segundo os toltecas. **House of Feelings**, 2 maio 2019. Disponível em: https://www.houseoffeelings.com/single-post/2019/04/28/Os-4-compromissos-para-ser-feliz-segundo-os-Toltecas. Acesso em: 4 set. 2020.

QUAL a faixa de renda das classes? **FGV Social**. Disponível em: https://cps.fgv.br/qual-faixa-de-renda-familiar-das-classes. Acesso em: 1 set. 2020.

RUIZ, D. M. **Os quatro compromissos**: o livro da filosofia tolteca. São Paulo: BestSeller, 2005.

SARTRE, J. P. Saint Genêt: comédien et martyr. Paris: Gallimard, 1952. p. 55. In: JEAN-PAUL Sartre. Wikiquote. Disponível em: https://pt.wikiquote.org/wiki/Jean-Paul_Sartre. Acesso em: 6 out. 2020.

SPERANDEI, Sandro; VIEIRA, Marcelo C.; REIS, Arianne C. Adherence to physical activity in an unsupervised setting: explanatory variables for high attrition rates among fitness center members. **Journal of science and medicine in sport**, v. 19, n. 11, p. 916-920, 2016.

TOLTECA. **Britannica Escola**, 2020. Disponível em: https://escola.britannica.com.br/artigo/tolteca/482689. Acesso em: 4 set. 2020.

VAI TOMAR uma decisão importante? Tome-a pela manhã. **Pequenas Empresas & Grandes Negócios**, 13 set. 2018. Disponível em: https://revistapegn.globo.com/Negocios/noticia/2018/09/vai-tomar-uma-decisao-importante-tome-pela-manha.html. Acesso em: 25 ago. 2020.